大学生
进阶职场
一本通
（第2版）

陈建军◎主编

杨添天　张　云◎副主编

人民邮电出版社

北京

图书在版编目（ＣＩＰ）数据

大学生进阶职场一本通 / 陈建军主编. -- 2版. --
北京 ： 人民邮电出版社, 2024.3
职业素养系列教材
ISBN 978-7-115-63484-9

Ⅰ. ①大… Ⅱ. ①陈… Ⅲ. ①大学生－职业选择－教
材 Ⅳ. ①G647.38

中国国家版本馆CIP数据核字(2024)第004692号

内 容 提 要

本书是围绕通信工程师张长弓的职业发展展开的，全面介绍了张长弓在校期间的职业素质训练及项
目从投标到结束的相关知识和实践，突出实际应用。进阶职场阶段主要为提升求职能力及大学生就业能
力进行训练，本阶段将对大学生进行求职心理引导，并就简历撰写及面试相关知识进行重点训练，以提
高大学生的创新能力及技巧，加速大学生的职业发展。

本书可以作为高职、本科院校的教学用书，也可以作为ICT相关行业新员工培训的参考用书。

- ◆ 主　　编　陈建军
　　副 主 编　杨添天　张　云
　　责任编辑　王建军
　　责任印制　马振武
- ◆ 人民邮电出版社出版发行　　北京市丰台区成寿寺路 11 号
　　邮编　100164　电子邮件　315@ptpress.com.cn
　　网址　https://www.ptpress.com.cn
　　北京七彩京通数码快印有限公司印刷
- ◆ 开本：787×1092　1/16
　　印张：10.75　　　　　　2024 年 3 月第 2 版
　　字数：223 千字　　　　2025 年 7 月北京第 2 次印刷

定价：59.80 元

读者服务热线：(010)53913866　印装质量热线：(010)81055316
反盗版热线：(010)81055315

前言

职业素质课程体系以就业为导向，以准职场人的培养为核心，在以学习者为中心的培养模式下，通过任务驱动训练、企业调研、企业融合授课、翻转课堂等教学授课方式取代传统的课堂讲授方式，加强对学生"关键能力"的培养，提升其职业行动能力，并通过训练其沟通技能、组织协调技能和学习技能等，培养学生的敬业精神、团队意识、创新意识和良好品质。

职业素质课程通过结合专业课的实习实训，不断强化学生的基本素养，使学生能更快地适应职场环境、解决典型的职场问题、应对典型的职场挑战，并综合应用有关的知识技能获得核心竞争力，是校企合作中的专业必修课程，是校企合作特色教学的重要支撑课程，是服务型专业建设的关键环节。

职业素质课程的总目标是面向当代企业需求，以就业为导向，培养准职场人，覆盖大学生的整个学习过程，真正使大学生完成从象牙塔到职场人的转变，并在其工作岗位上能够得心应手。本课程通过初涉职场阶段、经营职场阶段、进阶职场阶段来模拟职场训练，从而培养准职场人的核心能力。

- 初涉职场阶段——准职场人导向训练。
- 经营职场阶段——职场人的定位发展及能力提升。
- 进阶职场阶段——职场人的求职能力训练。

初涉职场阶段主要为准职场人导向训练，以准职场人的素质要求为目标，培养其企业家精神、企业化管理与企业文化的适应能力、沟通表达能力、制定目标与制订计划的能力、执行能力，同时训练其创新能力，培养其创业意识等。通过本阶段的训练，学生可以学习演讲、口头表达、财务管理、信息检索等方法和技巧。

经营职场阶段主要为职场人的定位发展及职业素养能力提升阶段，这个阶段将围绕ICT行业的整体发展情况、细分行业、典型企业、职业环境及其职业发展通道展开，使学生对即将要从事的岗位和企业有较为清晰的认识，能够清楚地了解自身与行业要求的差距、职场职业素质等，并对未来的职业生涯进行目标定位。

进阶职场阶段主要为职场人的求职能力提升及大学生创业进行实战训练，这个阶段将对学生进行求职心理引导，并就简历撰写及面试相关知识做重点训练，以提高学生的创业能力及创业技巧，加速学生的职业发展。本课程结合专业课的实习实训，不断地强化学生的基本素养，使学生能更快地适应职场环境、解决典型的职业问题、应对典型的职业挑战，并综合应用有关的知识技能，培养核心竞争力。

本书主要具有以下特色。

1. "一课双师"校企联合开发。本书由华晟经世教育的工程师与高校教师协同开发，融合了企业工程师丰富的行业一线经验、高校教师深厚的理论功底与丰富的教学经验，紧跟行业技术发展，精准对接岗位需求，理论与实践深度融合，符合教育发展规律。

2. 以学习者为中心设计。本书内容的组织编排强调以学习行为为主线，构建"学"与"导学"的内容逻辑。"学"是主体内容，包括项目描述、任务解决及项目总结；"导学"是引导学生自主学习、独立实践的部分，包括项目引入、交互窗口、思考练习和拓展训练。本书强调实操训练，即以解决任务为驱动，强调做中学，学中做；强调任务驱动式学习，即遵循学习规律，强调由简到难，循环往复，融会贯通。本书还融入了最新的技术应用，并结合真实应用场景，为客户解决具体需求。

3. 以项目化的思路组织。本书项目化特点突出，有大量项目案例，图文并茂，深入浅出。同时，本书以项目为核心载体，强调从知识输入到任务解决再到技能输出这一过程；采用项目引入、知识图谱等形式还原工作场景，充分展示项目进程，嵌入岗位、行业认知，融入工作方法和技巧，传递解决问题的思路和理念。

本书由陈建军主编；杨添天、张云和郭智超作为副主编参加编写和修订工作。本书从开发总体设计到每个细节，团队精诚协作、细心打磨，以专业的精神力求呈现最专业的知识内容。由于编者水平有限，书中难免有不妥和错误之处，还请广大读者批评指正。

编者

2023 年 12 月

开篇故事

"进入公司 3 年，我从技术新人到技术专家，再到项目经理。其间为了跟上公司的发展，我时刻要求自己不断积累知识，提高专业技能，用踏实、严谨、认真的态度对待每项工作。在技术上，我潜心研究，不断超越自己；但在管理上，我属于零起步，一切还得从零开始！"

××× 项目技术部经理张长弓

我的进阶

2020 年 3 月
在技术管理部实习
主要学习技术及技术方案

2020 年 7 月
通过了实习生考核并提前转正

2021 年 7 月
担任公司 ×× 平台的框架搭建组组长
年度个人绩效考核优秀 / 被评为公司年度优秀青年员工

2023 年
上半年配合完成 ×× 工作
通过总部职级考核，成功晋升为技术部项目经理

目前，我领导 13 名员工。面对企业管理与发展这一课题，我要一切从零开始。对此我感到很不踏实，于是请教了老领导龙旭，了解了项目经理必须具备的能力和素养。

在边学习、边工作的过程中，我总结了"职场进阶能量包"，它不仅对我的职场进阶起到了关键性的作用，而且适用于各个职业通道。进阶没有奇迹，知识的扩充、能力的整合是职场人的能量包。

能量包对外包括企业管理制度的了解和深耕，对内包括自我管理的扩充和内化。我们需要了解企业管理制度的概念及应用，掌握职场进阶的必备知识，修炼职场心智和能力，这样才能不断前进。

人物介绍

　　某公司项目经理张长弓在职场的发展路上，一点点地成长。张长弓看着身边的同事来来往往、走走停停，亦如当年的他一样。如何在职场获得成长？张长弓边学习、边指导，积累了很多职场经验。

　　在张长弓获得发展的同时，他的大学室友、当时的班长顾十三从大学期间就开始着手创业，一路打拼成立了自己的 Interactive 教育平台，目前该平台已准备上市。我们来看看他如何运用创业政策，整合创业知识，开创了属于自己的事业。职场之路多种多样，无论是就业还是创业，都需要我们不断学习、不断精进！

　　故事中人物的 DISC 性格类型见表 1。

表 1　故事中人物的 DISC 性格类型

姓名	职位	DISC 性格类型	性格特质
顾十三	Interactive 教育平台创始人	支配，掌控者（Dominance）	有远见，以直觉为主、意志坚定，做事有明确的规划，务实、善于应对挑战，具有非常强的解决问题的能力，注重方法、抽象思维能力较强、构思新颖，具有很强的竞争意识，自我控制力很强、对事情的控制欲比较强，一点就通、不受拘束、喜欢边做边思考，不太善于当面表达、吝于赞美他人，敏感、难忍缺点、很难说"对不起"，喜怒不形于色、自我保护意识强
小罗	项目助理	稳健，支持者（Steadiness）	保守、无目标、喜欢被人欣赏，耐心、忠诚，较内向、不善表达，逃避忍让、沉默不语，尊重、害怕变动、不喜欢改变、犹豫不决、自信心和进取心不够，拖延、怕面对挑战、缺乏承担重大责任的勇气，常常错失展示自我的机会
陈小发	网络优化工程师	影响，社交者（Influence）	灵活、喜欢热闹、抱怨少，缺乏组织感、易兴奋、有较强的时间规划性，不善于做出改变，有时话多，有创意、构思新颖、喜欢讨论

---

1. DISC（D：Dominance；I：Influence；S：Steadiness；C：Compliance）。

目录

项目一
打造企业精英

项目简介

项目背景

今天是张长弓成为项目经理的第一天，看着镜子中的自己，思绪万千：进入公司3年，张长弓从技术新人到技术骨干，再到项目经理，付出了多少努力，只有自己清楚。在专业方面，为了跟上公司的发展脚步，张长弓时刻要求自己不断积累知识，提高专业技能，用踏实、严谨、认真的态度对待每项工作，在技术上潜心研究，不断超越自己。张长弓坚信：只要足够努力，一定可以更优秀！

然而，上任第一天的办公会议就让张长弓力不从心。或许管理真的和技术不一样，毕竟技术面对的是物，而管理面对的是有思想的人。张长弓意识到新的挑战要来了！

项目目标

① 了解企业管理制度的概念及应用。　② 掌握职场进阶必备的通识知识。
③ 应用职场进阶训练。

知识图谱

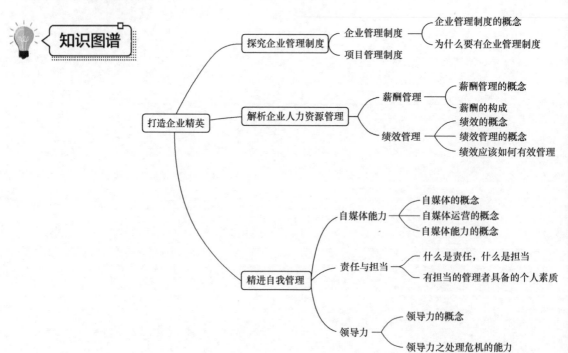

情景模拟

不寻常的会议

会议计划

1. 会议时间：××××年××月××日 8:30—9:30

2. 会议地点：部门会议室

3. 会议议题

● 部门工作分工。

● 下一步的工作计划。

会议现场

1. 正式开始时间：当日 8:40

2. 会议地点：部门会议室

3. 会议实际议题

● 是否因人员迟到而顺延会议时间，或者再开一次会议讨论未完成的部分。

● 部门员工小李因工资问题在会议上抱怨，不知道自己的工资怎么被扣了，扣的是哪一部分。

● 部门微信群里发的一条还没确定的项目被截图上传到一个不知名的微博上，导致项目丢失。

讨论

1. 原定会议内容为什么没有被执行？

2. 会议实际议题与计划议题不同的原因是什么？

3. 你认为在企业的运营中需要哪些制度的支撑？

任务一　探究企业管理制度

俗话说："不以规矩，不成方圆。"上至国家，下到家庭，无一例外，企业也同样如此。企业管理不仅成为现代企业发展的研究对象，而且成为众多学术研究的课题，形成具有实践应用价值的员工手册。员工手册已成为企业管理制度的一种体现，无论是 3～5 人的初创企业，还是上万人的集团企业，均有自己的员工手册，以规范员工的行为及处事准则。

一、企业管理制度

（一）企业管理制度的概念

现代企业管理制度是对企业管理活动的制度安排，包括企业经营目的和观念、企业目标与战略、企业的管理组织和各业务职能领域活动的规定。

（二）为什么要有企业管理制度

管理制度是一个组织内所有人共同遵守的行为规范。它可以确保组织运转的有效性，也是达成组织目标的有力保证，还是实现一个团体内公平、公正、公开的必要条件。实现管理制度的关键点是执行，执行不到位或制度不适宜是没有价值的。一个团体内如果一些人遵守管理制度，一些人不遵守管理制度，就意味着这是一个涣散的组织，这个组织也不可能有良好的发展。

🔍 小故事

制度总为有"特殊"需要的人设置

李响是公司的项目部专员，同时也是一个6岁孩子的妈妈。她经常迟到，隔三岔五地发生堵车晚到、送孩子晚来等情况。每次迟到时，她都会笑着说："哎呀，今天孩子不起床，来晚了点儿""路上好堵"……

张梅在这家公司工作时间长，各方面看得清楚明白。她说："在职场，不要小觑每次表现，不要为了迟到早退费尽心机，看似没什么，大家不会说什么，貌似还赚了不少，其实不然，最终还是要自己买单。"每个人在公司中的形象是靠平时的行动积攒的，退一万步说，离开一家公司到其他公司时，一般人力资源专员都会调查入职人员的背景，如果知道你有爱迟到这个标签，基本不会考虑聘用你。所以，在职场中，没有无缘无故的成就，也没有无缘无故的"标签"。

后来公司装上了打卡机，从卡片打卡到指纹打卡，再到面部打卡，不仅管理了在打卡上钻空子的人，而且遏制了迟到之风。每天上班前，打卡机前都站满了排队打卡的人，就连李响也开始排队了，也都是赶在上班前打卡。

公司里有些员工经常迟到，老板批评、同事提醒，效果甚微，总是找借口，例如，堵车了、表慢了或者闹钟没响睡过头了，人称"常有理"。

心理学家研究发现，迟到的原因，除了有的人确实有实际困难，常常还有更深层的心理原因。例如，如果员工对工作兴趣大、热情高，即使上班路远，也会克服困难保证准点上班；但如果对工作缺乏热情、缺乏兴趣，或是跟老板、同事闹了意见，却又不擅长用语言表达，就容易出现莫名迟到、消极怠工等无意识的现象，这种心理机制在精神分析学中称为"被动攻击"，也就是用被动消极的方式象征性地表达对他人的不满。

至于找借口的心理，有的人只是想通过找借口避免尴尬和惩罚而已，心里也明白自己迟到的真正原因；而有的人认为迟到只是那些客观原因的结果，意识不到自己迟到背后真正的原因和心理冲突，这在心理学中称为"合理化"。

如果员工经常迟到，这是对工作的不重视，非常不利于公司业务的发展。如果员工总是给迟到找借口，不过是用一种心理症状（迟到）来象征性地表达和掩饰自己对工作的消极态度，可是迟到并不能解决问题，甚至会让已经不佳的人际关系雪上加霜。

一个对自己负责任的人，若是发觉自己经常迟到并且给自己常找借口，就需要认真地反思自己。面对工作和人际关系方面出现的困难和冲突，要以积极有效的行动去改变现状。如果认为自己专业不对口，可以尝试找机会调动工作；如果人际关系存在困难，可以调整自己的处事方式，多沟通，消除误解，设法化解人际矛盾。即使有些矛盾难以化解，用语言表达也比用"迟到"表达要好。

那些过度使用"被动攻击"和"合理化"心理机制的人，必要时也可以看看心理医生，以便更好地调整自己的心态。从心理方面调节会帮助你真正成为自己的"主人"，而不是做潜意识的"奴隶"。经常迟到，别找借口，不妨反思自己，做一个尊重工作也尊重自己的人。

小故事

迟到 10 分钟，毁了她和客户的关系

小杨初入职场，是一家券商的客户经理，虽说是经理，但实际上从事的就是普通销售的工作。小杨刚开始没有工作经验，购买了很多专业书籍，通过学习和实践，在学中做，在做中学。一切都按部就班地往好的方向发展。小杨松了一口气，心想努力没有白费，如果坚持下去，自己的业绩肯定会持续增长的。

最近，小杨在网络上沟通了半年的一个大客户终于松了口，出于对她的专业能力认可，同时也被她的敬业和坚持打动，同意把自己的投资账户从其他券商转到小

杨所在的券商。小杨也暗自开心，这么重要的客户要是转过来，这个月的业绩就能排到公司第一，奖金能拿很多，筹划已久的出国旅行总算有了着落。

几天后，客户打来电话，与小杨约好下午两点在某券商营业部门口见面，办理转户手续。小杨很开心，公司距离要转户的营业部只有20分钟的车程，小杨收拾一番，1:40出了门。这天刚下完雪，路上比较泥泞，车辆行驶缓慢，小杨赶到时，比约定的时间晚了10分钟。客户在外面冻得瑟瑟发抖，小杨连声道歉，诉说堵车理由，但结果是客户并没有将账户开到小杨所在的单位。小杨很懊悔，也很不解：自己并非有意迟到，客户为什么不原谅她呢？

换位思考，你在冬天零下十几摄氏度的户外站着等人是什么感受？并且是在别人有求于你的情况下。迟到在某种意义上代表你对对方的不在意和不尊重。迟到是结果，我们能掌控的只有过程。虽无心迟到，但他人没有义务理解你的苦衷。理解和尊重是相互的，尤其是在商务场合，客户对你的信任是一点一滴建立起来的，信任一旦坍塌，所有可能的合作都将变为不可能，迟到这样的小事会让你之前所有的努力付诸东流。

🔍 小故事

企业文化

某科技公司在创业初期，员工们充满激情和创造力，公司业绩也迅速增长。然而，随着公司的规模不断扩大，管理层逐渐发现员工之间的价值观和理念存在较大的差异，导致团队协作和执行力受到影响。

为了解决这个问题，公司决定加强企业文化建设，以提升员工的认同感和归属感。首先，公司管理层梳理了公司的目标和理念，明确了对员工的期望和要求。然后，他们通过内部培训和团队建设活动，向员工传递这些目标和理念，并鼓励员工在工作中实践。此外，公司还设立了员工奖励计划，对于那些在工作中展现公司目标和理念的员工给予表彰和奖励。这种奖励不仅是对员工的认可，也是对其他员工的激励和引导。

通过这些措施，公司的企业文化逐渐得到员工的认同和接受。员工们开始自觉践行公司的目标和理念，团队协作和执行力也得到了显著提升。公司的业绩也因此得到了持续增长，成为行业内的佼佼者。

小贴士

团队就是经过格式化的训练模式，能够达成一定默契的队伍。没有默契的团队是不具备战斗力的。人员进入团队后需要进行"格式化"训练，即得到很多关于操作规范的培训，只有这样，大家才能养成良好的工作习惯。

团队是指一种为了实现某一目标而由相互协作的个体所组成的正式群体，是由员工和管理层组成的一个共同体，它合理利用每一个成员的知识和技能协同工作，解决问题，达到共同的目标。团队由目标、人、定位、权限和计划构成。团队和群体有着根本性的区别，群体可以向团队过渡。一般根据团队存在的目的和拥有自主权的大小将团队分为问题解决型团队、自我管理型团队和多功能型团队3种类型。

二、项目管理制度

现代企业管理制度能够有效地指导项目团队实现"做正确的事，正确地做事，获取正确的结果"的目的，同时，也可以为项目团队成员制定可遵循的、可衡量的、可奖罚的、具有激励性和规范性的规章或程序。项目管理制度的内容如图1-1所示。

图1-1　项目管理制度的内容

强化训练

要求：各小组根据所了解的制度为本小组编制一份管理制度，可以是人力资源管理制度，也可以是成本管理制度或质量管理制度。

时间：60分钟。

任务二　**解析企业人力资源管理**

张长弓参加了管理者的第一期培训，其中，管理者需要知晓和掌握的薪酬制度、绩效管理、自媒体领域的内容让他十分感兴趣。他想，如果自己站在管理者的角度，该如何学习并运用这些管理知识做好管理呢？培训老师所讲的管理制度能够帮助他有效管理好自己的小部门吗？

一、薪酬管理

张长弓上任后第一次参与评定了项目小组人员的薪资考核，为了给组员做好解释，他通过培训课程系统地学习了公司的薪酬管理制度。

（一）薪酬管理的概念

薪酬管理是指一个企业针对所有员工所提供的服务来确定他们应当得到的报酬总额以及报酬结构和报酬形式的一个过程。在这个过程中，企业就薪酬水平、薪酬结构、薪酬构成及特殊员工群体的薪酬做出决策。同时，作为一种持续的组织过程，企业还要持续不断地调整薪酬计划，拟定薪酬预算，就薪酬管理问题与员工进行沟通，同时，对薪酬系统的有效性做出评价且不断予以完善。薪酬管理要为实现薪酬管理目标服务，薪酬管理目标是基于人力资源战略设立的，而人力资源战略应服从企业发展战略。企业发展战略框架如图1-2所示。

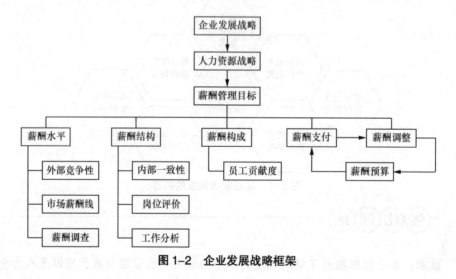

图1-2 企业发展战略框架

薪酬管理比起人力资源管理中的其他工作而言，有一定的特殊性，具体表现在以下3个方面。

1. 敏感性

薪酬管理是人力资源管理中最敏感的部分，因为它关系到企业每一位员工的切身利益，薪酬直接影响员工的生活水平。另外，薪酬是员工在企业工作能力和水平的直接体现，员工往往通过薪酬水平来衡量自己在企业中的地位。

2.特权性

薪酬管理是员工参与最少的人力资源管理部分。企业管理者认为员工参与薪酬管理会使企业管理增加矛盾，所以，员工对于企业薪酬管理的过程几乎一无所知。

3.特殊性

由于敏感性和特权性，所以每家企业的薪酬管理差别会很大。另外，由于薪酬管理本身就有很多不同的管理类型，例如，岗位工资型、技能工资型、资历工资型和绩效工资型等，所以，不同企业之间的薪酬管理几乎没有参考性。

企业的薪酬管理具有以下 4 个特征。

● 薪酬管理是各组织（行政、事业、企业和团体等）进行人员管理的一项基本管理制度。

● 每家企业都会依据自身发展制定符合自身需求的薪酬管理体系。

● 通信行业、物联网行业、云计算行业存在同岗不同酬、同酬不同岗的情况，薪酬差距较大，不同的绩效考核方式下薪酬大不相同。

● 绩效考核是组织框架下薪酬体系中重要的组成部分，绩效考核产生的绩效工资是组织内成员之间拉大薪酬差距的工具，既有激励作用又有管理作用。

（二）薪酬的构成

薪酬能直观地反映每位劳动者所得报酬各部分之间的关系，应包含应发、扣发和实发。薪酬的构成如图 1-3 所示。不同用工单位的薪酬组成部分也会略有不同，工资条是薪酬体现的工具之一，以表 1-1 和表 1-2 所示的工资条为例，读者可做简要了解。

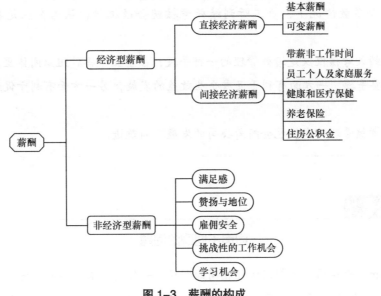

图 1-3　薪酬的构成

表1-1　张长弓7月工资条

工号	部门	姓名	基本工资	级别工资	全勤奖	绩效工资	补贴	应发合计	考勤扣款	社保扣款	其他扣款	扣款合计	实发合计
3	技术项目部	张长弓											

表1-2　木易7月工资条

工号	部门	姓名	岗位工资	全勤奖	绩效工资	补贴	应发合计	考勤扣款	社保扣款	其他扣款	扣款合计	实发合计
12	技术项目部	木易										

🔍 小故事

绩效考核

以前只要不请假、不旷工，员工基本上可以拿全额工资，从下个月开始，企业实行绩效考核制，员工的工资要被划出45%作为绩效考核工资，还出台了一系列考核办法，无法达标就会扣工资，你觉得企业这么做合理吗？

随着社会的发展，现代企业为了更好地激励员工，更有效地管理，纳入了多种绩效考核办法和形式，最常见的有关键绩效指标（KPI）、360度绩效评估、平衡计分卡等。有些企业在运用这些考核办法的同时融入了本土考核形式，但大多数企业在绩效考核中都明确地设置了绩效扣分项，设置绩效激励项较少，在大多数情况下，员工听到绩效考核就会很抵触，认为企业是在变相扣工资。

然而绩效考核仅仅是绩效管理的一种手段，在企业等各种组织团体里已经成为管理的必要手段，一方面有利于促成企业效益的发展，另一方面有利于促进人员管理的发展。

绩效考核管理的发展也会随着公司的发展不断改进。

🔍 小故事

同岗不同酬的问题

小张和小李在同一个部门担任相同的职位——销售代表。然而，他们的工资却大不相同。小张的工资明显高于小李，这让小李感到非常不公平。小张和小李的工作表现和能力有所不同。小张在销售方面表现出色，业绩稳定，而小李的销售业绩相对较差。因此，公司决定给予小张更高的工资，以激励他继续保持优秀的业绩。

然而，这种同岗不同酬的做法让小李感到非常不满。他认为，既然他们在同一个部门担任相同的职位，就应该得到相同的工资。他开始对公司产生不信任感，对工作失去了热情和动力。

公司管理层意识到这个问题，决定采取相关措施。他们与小李和小张分别进行了沟通，听取他们的想法和意见，并解释了公司的考虑和意图。他们还向小李提供了更多的培训和支持，帮助他提高工作能力，并告诉公司对他的期望和信任。

通过这些措施，小李逐渐理解了公司的做法，并开始积极努力提高自己的工作能力。他的业绩逐渐得到了提升，并最终得到公司的认可和奖励。公司也意识到，同岗不同酬的做法需要更加公平和合理的考虑，以避免类似的问题再次发生。

由于劳动力市场发生了变化，同岗不同酬的现象时有发生。针对这种问题引发的矛盾，我们主张企业和职场人都应做出调整。

一方面，企业应从以下3个方面着手调整思路与策略。

从招聘设计入手： 未来，企业应进一步使用结构化等有效而简洁的面试方法，在选人上确保被录用的人员符合岗位要求，同时也具备可开发的潜力及素质。

从工作设计入手： 未来，企业设计的工作内容更人性化，更加丰富，更具有挑战性，能够充分挖掘员工的潜能。

从教育培训入手： 未来，企业应更加注重员工的学习能力，并通过员工学习能力的提升促进企业的发展。

另一方面，职场人应具备以下3个方面的应对思路与策略。

从应聘设计入手： 学习和掌握更多能够彰显个人潜质和能力的应聘技巧。

从岗位设定入手： 能力与工作岗位的匹配度将是未来生存和发展的重要条件，应从自我发展的途径为自己设定工作岗位。

从教育培训入手： 注重学历在企业绩效管理中的地位，规划自己的专业技能培训，规划出自我增值的有效途径。

🔍 **小故事**

薪资和能力之间的权衡

"你们招聘的都是什么人啊，连最基础的专业技能都没有，让我怎么带着干活？""我们也没办法，领导说控制人力成本。工资就这么多，能招到人就不错了。"

员工是"成本"，还是"资本"？这主要看领导怎么想。在财务方面，员工的薪资会计入生产成本。所以当企业视人力为成本时，为了控制成本，企业管理层通常会尽量控制员工的工资。

小贴士

如何成功谈薪酬

1. 前期做好市场调查

在谈判前，应了解市场行情和自身价值，并明确自己的底线和期望。同时，了解企业的薪酬结构和标准，以及企业对岗位的评估标准。明确自己的薪酬目标和底线，并准备好合理的理由和依据。

2. 谈薪酬时尽量不要给出确切数字

谈薪酬时尽量给出一个可上下浮动的范围，想好自己最低的承受值和最满意的水平值。

3. 尝试与未来的直接上司谈薪酬

直接与上司谈薪酬较与人力资源部门谈薪酬，一般会有进一步涨薪酬的空间，可突出自己的专业能力和经验，以及说明自己可为企业带来的价值和贡献。

4. 用能力来谈薪资等级

了解自己的能力与岗位的匹配度，正确估计自己的能力，不盲目自信，也不过度谨慎，量力而行即可。

二、绩效管理

张长弓的项目小组刚刚有一名组员离职，另外两名组员也缺乏工作热情。对于这种情况，张长弓很苦恼，不敢管理，怕稍微一管理，剩下的组员也会产生负面的情绪，担心组员因内心不"爽"就撂挑子。张长弓的培训老师告诉他，绩效管理可以帮助他改变现状。

（一）绩效的概念

绩效是企业的使命、文化、愿景和战略的重要表现形式，也是决定企业竞争成败和可持续发展的关键因素，绩效是企业为实现其目标而在不同层面开展的活动进行的有效输出。

"绩效"一词来源于管理学，不同的人对绩效有不同的理解。有人认为，绩效是指完成工作的效率与效能；有人认为，绩效是指那种经过评估的工作行为、方式及其结果；

更多的人认为绩效是指员工的工作结果，是对企业的目标达成具有效益、具有贡献的部分，在企业的管理中常被用在人力资源的研究评估中。美国学者贝茨和霍尔顿指出："绩效是一个多维结构，观察和测量的角度不同，其结果也会不同。"

绩效也可以从组织架构层次的角度划分为组织绩效、群体绩效和个人绩效。绩效的3个层次如图1-4所示。组织绩效是组织的整体绩效，是指组织任务在数量、质量和效率等方面的完成情况；群体绩效是指组织中以团队或部门为单位的绩效，是群体任务在数量、质量和效率等方面的完成情况；个人绩效是指个体所表现出的、能够被评价的、与组织及群体目标相关的工作行为及结果。

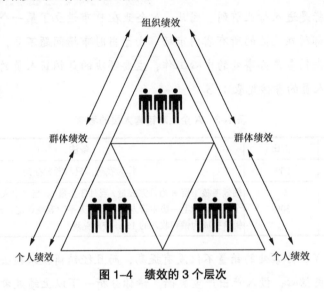

图1-4　绩效的3个层次

（二）绩效管理的概念

绩效管理是指管理者与员工之间就目标与如何实现目标达成共识，通过激励和帮助员工取得优异绩效，从而实现组织目标的管理方法。绩效管理的目的在于通过激发员工的工作热情和提高员工的工作能力和素质，以达到改善组织绩效的效果。

绩效管理的内容包含绩效计划、绩效监控、绩效评价和绩效反馈4个部分。

绩效计划是绩效管理的第一个环节，也是绩效管理成功实施的关键环节。该环节要求在明确组织的使命、文化、愿景和战略的基础上，制订出组织、部门和个人层次的绩效计划，形成一套具有较高的系统性、协同性和可操作性的绩效计划体系。

绩效监控是绩效管理的第二个环节，是连接绩效计划和绩效评价的中间环节，也是耗时最长的一个环节。在绩效管理系统中，管理者需要根据绩效计划，与下属进行定期或者不定期的沟通，监控绩效计划的执行情况，针对存在的问题与计划执行者进行充分交流，并提供必要的绩效辅导，为绩效目标的顺利达成提供有力的保障，这个过程就是绩效监控。

绩效评价作为绩效管理的核心环节，涉及"评价什么""谁来评价""多长时间评价一次""如何评价"等重要问题，在实践中受到管理者和员工的广泛关注。

绩效反馈是绩效管理的最后环节，其目的是通过良好的沟通使员工了解自己在绩效周期内的绩效表现，并针对绩效方面存在的问题采取相应措施，从而提升绩效水平。

🔍 案例讨论

A企业原来是一家以出口为主的通信设备制造企业，近年来开始进军国内市场，未来3年的目标是进入行业前列。因此，A企业在B市设立了第一个办事处，统一管理除公司总部所在地区的所有省内市场。由于当时市场问题不多，管理者认为要最大限度地提高销量是办事处的中心工作，主要解决的是销售人员的积极性问题。A企业对销售人员的考核见表1-3。

表1-3　A企业对销售人员的考核

项目	占比	备注
固定工资	50%	作为底薪，只与考勤挂钩
绩效考核工资	50%	绩效考核工资＝当月完成量／当月任务量×当月个人得分，其中，当月个人得分为上一级主管人员依据个人平时表现评定，分数为0.85～1.1；销售提成为销售收入的1%，按月兑现

一年过去了，办事处的销量不仅没有提高，而且经销商换来换去，使销售人员流失严重、丧失信心，投入产出严重失衡。请你分析一下以上绩效考核方案存在的问题，然后思考这些问题应该如何解决。

（三）绩效应该如何有效管理

想要对绩效进行有效管理，需要借助绩效管理工具。目标管理、KPI和平衡计分卡是普遍应用的系统性绩效管理工具。这3种管理工具在产生的时代、性质、对象、特征、关注点、构成要素、构成指标等方面既相互联系，又不尽相同，绩效管理工具的比较见表1-4。

表1-4　绩效管理工具的比较

项目	目标管理	KPI	平衡计分卡
时代	20世纪50—70年代	20世纪80年代	20世纪90年代以来
性质	• 管理思想 • 重视工作与员工的结合	指标分解的工具与方法将战略与考核指标结合	• 集大成的理论体系 • 将战略管理与绩效管理有机结合
对象	个人	组织、群体、个人	组织、群体、个人

（续表）

项目		目标管理	KPI	平衡计分卡
特征		• 员工参与管理 • 体现"我想做" • 自我管理与自我控制	• 战略导向 • 指标的承接与分解 • 指标层层分解、层层支撑	• 战略导向 • 目标的共享与分享、承接与分解 • 强调因果关系、平衡
关注点		管理、考核（关注结果）	考核、管理（关注结果）	管理、考核（关注过程和结果）
构成要素		目标、指标、目标值	战略、关键成功领域、关键绩效要素、KPI	• 使命、文化、愿景、战略、客户价值主张 • 目标、指标、目标值、行动方案和预算
构成指标	设计	根据组织目标，由上下级协商确定	根据战略，自上而下层层分解	根据使命、文化、愿景、战略、客户价值主张等，依据目标分层分别制定
	关系	指标之间基本独立，彼此没有联系	指标之间基本独立，彼此没有联系	目标的因果关系导致4个层面的指标之间有关联性
		侧重定量指标	无前置指标和滞后指标之分，强调客观指标	有前置指标和滞后指标之分，客观指标、主观判断指标

目标管理是由美国管理学家彼得·德鲁克提出的，他认为，目标管理是一种程序或过程，它使组织中的上下级一起协商，根据组织的使命确定一定时期内组织的总目标，由此确定上下级的责任和分目标，并把这些目标作为组织经营、评估和奖励的标准。

KPI是指将组织战略目标经过层层分解而产生的、具有可操作性的、用以衡量组织战略实施效果的关键性指标体系。KPI的目的是建立一种机制，将组织战略转化为内部的流程和活动，从而促使组织获取持续的竞争优势。

平衡计分卡是由美国哈佛大学商学院教授罗伯特·卡普兰和RSI公司总裁戴维·诺顿针对企业的绩效评价创建的。平衡计分卡的理解分广义和狭义：广义的平衡计分卡是就理论体系而言的，其本质是以战略为管理核心实现组织整体协同，从而提升战略执行力的管理体系，包括战略地图和狭义的平衡计分卡；狭义的平衡计分卡是就管理工具而言的，它是与战略地图并列的一种管理表格。

🔍 小故事

东成印刷公司

东成印刷公司始建于1991年，是一家中型印制类国有企业。作为特殊行业的国有企业，东成印刷公司的首要任务就是完成总公司每年下达的国家指令性计划，并在保证安全生产、质量控制的前提下，按时、按质、按量地完成总公司交给的各项任务，支持国家宏观经济的正常运转。在传统的管理体制下，东成印刷公司的供、产、销一系列工作都是在总公司的计划下完成的，因此，东成印刷公司在经营自主性和自我调控等方面的能力较弱。随着市场经济的发展，东成印刷公司在原材料采购、生产技术创新、第三产业的开拓等方面逐渐拥有更大的发展空间和自主权，使公司在成本控制、技术水平、产品市场销售等方面的能力不断提高，同时，迫切要求建立适合本公司自身发展的现代企业管理制度，更好地适应企业的管理和经营。

2000年，为促进总公司发展纲要的实施及战略目标的达成，推动印刷企业现代化、集体化、国际化的建设进程，建立和完善印刷企业的激励约束机制，科学解析和真实反映印刷企业的管理绩效，总公司制定了印刷企业管理绩效评价规则，对印刷企业在一定生产经营期间的安全质量、资产运用、成本费用控制等管理成效进行定量及定性对比分析，做出综合评价。

东成印刷公司为了更好地完成总公司下达的各项考核指标，提高本公司的管理能力、优化公司的管理水平，并充分发挥公司各职能部门的作用，充分调动1500余名员工的积极性，在各个处室、车间、工段和班组逐级实施了目标管理。多年的实践表明，目标管理改善了公司的经营管理，挖掘了公司内部潜力，增强了公司的应变能力，提高了公司素质，取得了较好的经济效益。

1. 东成印刷公司目标管理现状

第一，目标的制定。 总公司制定的印刷企业管理绩效评价规则主要包括企业成本费用控制状况、企业专业管理能力状况、企业资产效益状况和企业发展能力状况4个方面。东成印刷公司每年的总目标是根据总公司下达的考核指标，结合本公司的长远规划，并根据本公司的实际，兼顾特殊产品要求，总目标主要体现在东成印刷公司每年的行政报告上。依据厂级行政报告，东成印刷公司首先将总目标逐层向下分解，将细化分解的数字、安全、质量、纪律、精神文明等指标，落实到具体的处室、车间，明确具体的负责部门和责任承担人，并签署《企业管理绩效目标责任状》，以确保安全、保质、保量、按时完成任务，此为二级目标即部门目标。然后，部门目标进一步向下分解为班组和个人目标，此为三级目标，由于班组的工作性质，不再继续向下分解目标。最后，部门内部小组（个人）目标管理，其形式和要求与部门目标制订相类似，签订班组和员工的目标责任状，由各部门自行负责实施和考核。具体方法是：先把部门目标分解落实到职能组，任务再分解落实到工段、工段再下达给个人。要求各个小组（个人）努力完成各自的目标值，保证部门目标的如期完成。

第二，目标的实施。《企业管理绩效目标责任状》实行承包责任人归口管理责任制，签订责任状后，承包方签字人为承包部门第一责任人，负责组织在部门内部进行目标分解，细化量化指标，进行第二次责任落实，实行全员承包。各部门可以根据具体情况在部门内部制定实施全员交纳风险抵押金制度。各部门的第二次责任分解可以根据具体情况按两种形式进行：一种是部门负责人直接与全员签字落实责任；另一种是部门负责人与班组长签字落实责任，班组长再与全员签字落实责任。签订的《企业管理绩效目标责任状》经主管人员批准后，一份由上一级主管部门保存，一份由制订单位或个人自存。承包方责任人负责组织进行本部门日常检查管理工作。专业部门负责人负责组织进行本专业日常检查管理工作；企管处负责组织对处室、车间的日常检查管理工作。在此基础上还实行了承包责任人交纳风险抵押金制度。副主办以上责任承包人依据级别的不同，分别向公司交纳一定数额的责任风险抵押金，并在目标实现后给予一定倍数的返还。

第三，目标考评。东成印刷公司成立了专门负责考核工作的厂绩效考核小组，厂长任组长，3位副厂级领导任组员，共由9位管理部门的相关人员组成。厂绩效考核小组下设部门绩效考核小组。厂绩效考核小组和部门绩效考核小组负责对各自处室、车间的结果进行考评。

在考评周期上，公司对部门的考核周期是一年，平时有日常考核和月度报告，对班组和管理技术人员的综合考核一般也是在年底，平时主要是对日常出勤的考核。

在考评办法上，东成印刷公司对绩效目标落实情况每月统计一次，年终进行总考评，考评结果与奖惩挂钩。各部门于每季度末将其完成《企业管理绩效目标责任状》情况的季度工作总结与下一季度的工作计划交与相关部门。各处室按照《企业管理绩效目标责任状》中本专业的管理目标和工作要求，对车间和有关部门进行每半年一次的专业考评。

在考评方式上，考核中采用了"自我评价"和上级部门评价相结合的做法，在每季度末月的29日之前，将本部门完成《企业管理绩效目标责任状》、行政工作计划情况的季度工作总结与下一季度的工作计划一并报企管处。企管处汇总核实后，由部门绩效考核小组给予评分。

在考评处理上，对日常考核中发现的问题，由相应主管负责人实施相应奖惩。年终时，企管处汇总各处室、车间的考核目标完成情况，上报厂绩效考核小组，由其根据各部门的重要性和完成情况，确定奖惩标准。各处室、车间内部根据公司给本部门的奖惩情况，确定所属各部门或个人的奖惩标准。考评结果一般不公开，对奖惩有异议的人员可以层层向上一级主管部门反映。

2. 东成印刷公司目标管理存在的问题

通过对东成印刷公司目标管理的分析得知，该公司具备实施目标管理的基本条件，并且有比较全面的目标管理工作意识，但是东成印刷公司目标管理体系仍存在一些问题，其问题主要表现在以下5个方面。

第一，缺乏明确量化的厂级目标体系。东成印刷公司以每年的行政工作报告作为年度厂级总目标，行政工作报告主要包括总公司下达的年度产品生产任务计划、总公司年度重点检查和考核的目标体系。但是东成印刷公司没有一个明确量化的厂级目标体系文本，各个部门均按照行政工作报告制定部门目标。

第二，目标值的制定缺乏系统明确的量化方法体系。各个部门的目标任务主要由部门向厂绩效考核小组上报后确定，厂绩效考核小组难以衡量各个部门目标制定的客观性。实际上，员工普遍认为只要不出大的差错，例如重大安全事故、重大质量事故等，每个部门的年度目标任务都是可以顺利完成的，换句话来说，就是目标值基本上都可以很容易地完成。而且，目标值未能体现出动态性，没有提升的空间和可能性。主要问题在于目标值的制定缺乏系统明确的量化方法体系，很多部门只是根据往年的数据粗略估计，数据来源难以考证，更谈不上提高收益了。

第三，考核工作主观化，负激励影响明显。东成印刷公司目标责任状没有明确的权重分值，使厂绩效考核小组和部门绩效考核小组的考核评分过于主观化。此外，日常考核工作主要以企业制定的考核细则为主，而考核细则多以惩罚为主，负激励影响明显。

第四，部门之间协调困难。各个部门之间的工作协调困难，部门只注重自身的绩效，不关注其他部门的绩效，导致工作效率低下，组织内耗大。

第五，目标管理组织体系不全面。因为员工考核结果反馈一般是逐层反馈，员工意识到考核结果不公时却没有一个反馈和沟通渠道。厂绩效考核小组得不到更好的互动信息支持，难以进一步以目标为导向开展企业管理和目标控制工作。由于目标的制定和考核工作是由同一个组织来完成的，各级目标制定和绩效考核工作的公正性和客观性缺乏相关责任部门的监督和控制。

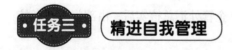

任务三　精进自我管理

一、自媒体能力

张长弓负责的项目小组的一个技术销售人员向他抱怨，他们的产品销售过程太长了，一般从用户知道自己（销售员），再到建立关系（个人品牌），最后到服务成交，需要耗费很多的精力和时间，如果缺乏和用户直接沟通的桥梁，就很难成交。张长弓想了一下，这确实是产品销售的痛点，那怎么缩短这个过程呢？他想到了培训课程中讲到的自媒体能力。

（一）自媒体的概念

区别于传统媒体，自媒体是指私人化、平民化、普泛化和自主化的传播者，以现代化、电子化的手段，向不特定的大多数人或特定的个人传递规范性及非规范性信息的新媒体的总称，自媒体平台包括微博、微信、知乎、小红书、快手、抖音和哔哩哔哩等，包括提供内容和社交平台功能、自媒体营销功能及自媒体品牌建设功能。

说说看

你知道哪些自媒体平台？

自媒体在信息的传播速度与广度上有着惊人的"力量"，你还能举出哪些例子说明自媒体的优势呢？

（二）自媒体运营的概念

自媒体运营是指利用自媒体平台（例如，微信公众号、知乎、抖音、哔哩哔哩等）进行内容创作、发布和推广，以达到品牌营销、用户增长、用户转化等目的的一种运营方式。自媒体运营主要做以下工作。

内容策划： 制订自媒体的内容规划，包括主题、方向、形式等。

内容创作： 根据内容策划的方向和主题，进行创作，包括文章、视频、图片等。

内容发布： 将创作好的内容发布到自媒体平台上，让更多的人看到。

内容推广： 通过各种手段（例如，微信群推广、广告投放等）将自媒体内容推广给更多人。

用户管理： 通过互动、回复评论等方式与用户进行互动，增强用户黏性和用户活跃度。

数据分析： 对自媒体平台的数据进行分析，了解用户的兴趣点和行为习惯，为后续的内容策划和推广提供依据。

品牌营销： 通过自媒体平台进行品牌宣传和推广，提高品牌知名度和美誉度。

说说看

如何通过自媒体获得"销售线索"

举例说明。

1. 用户在看到一篇自媒体文章后，比较欣赏或喜欢就会点击关注。

2. 用户在关注一篇文章后，发现作者有近 20GB 的关于"自媒体运营的相关课程和资料"，并且附有公众号或二维码图片，于是会点击关注该自媒体。

自媒体运营包括以下 5 个部分。

● 用户运营：明确自己的用户是哪些人，有什么特点及需求。

● 渠道运营：渠道是指各种自媒体平台，要了解每个平台有什么特点，每个平台的用户有什么特点，每个平台有哪些规则。

- 社群运营：对已有的用户和用户群组进行管理。
- 内容运营：给予用户有价值的内容，加之精细排版，赋予有创意、有吸引力的内容。
- 活动运营：通过活动策划，吸引更多的用户，并让已有的用户不转移阵地，增强用户黏性。

🔍 小故事

　　瑞幸咖啡最出彩的营销方式之一就是借助微信社交流量，利用老用户拉动新用户，快速实现用户数量增长的裂变营销。从微信小程序频繁发券到微信好友邀请相互获利，从稳固现有消费群体到发展潜在消费群体，凭借巨大流量进行裂变营销。另外，瑞幸咖啡通过营销着重宣传产品低价，也获得了大量消费者的关注。

（三）自媒体能力的概念

　　如今，管理者不仅需要具备沟通、领导等常规的管理能力，而且要适应市场的发展、跟随时代的步伐。

　　自媒体能力是指自媒体时代要具备的媒介素养，是指人们体验媒体、解构媒介、分析媒介信息和创制媒介制品的技能和素养，包括人们接触媒介、获取信息、解读和接受信息并利用媒介工具传播信息的知识能力和文化素养。

1. 职场嗅觉

　　知道自己的员工喜欢什么、关注什么、愿意分享什么等，敏感的职场嗅觉对管理者来说是必备的利器。

2. 优化创新

　　无论是在管理中，还是在生活中，盲目模仿都不会得到青睐。只有快速地适应团队，不断地提升能力素养，你的影响力才会越来越大。

3. 自我学习

　　有很多工作，最初你可能并不熟悉、做不到位，但只要你肯花时间去研习，做任何事都认真投入，总会跟上市场发展的步伐。

🔍 小组讨论

　　假如你们小组是公司的销售部，经理让你们策划组织一次微信营销活动，请根据你们公司的销售产品（产品自拟），简述你们的团队将如何进行这次微信营销。

　　注意： 讨论时间为10分钟，组长陈述时间为5分钟。

强化训练

　　为你的班级申请一个微信／微博账号并进行认证，采取微信／微博营销的方式宣传班级学生活动、班级管理、教学内容等方面的内容，具体要求如下。

　　① 以团队为组，分工明确。

　　② 做好后关注任课教师的微博或添加微信，并将成果推送给教师，教师以此检验学生的操作成果。

二、责任与担当

　　在管理培训课程上，老师问了张长弓一个问题："你在为谁工作？"

　　职场上很多人或多或少都会思考这个问题，往往会产生两种答案：一种认为是在为公司工作；另一种认为是在为自己工作。

案例讨论

　　李华是一名年轻的应聘者，他在申请一家知名公司的职位时，遇到了激烈的竞争。他的简历很优秀，但因为招聘名额有限，他并没有被录取。

　　然而，在面试过程中，李华了解到该公司目前面临的一些困难时，他主动向面试官提出了自己的解决方案，并表示愿意为公司的困境做出贡献。最终，公司决定录取他。

　　思考：为什么公司最后改变了主意？

（一）什么是责任，什么是担当

　　责任是一种使命，是一种品质，是对自己所负使命的忠诚和守信。

　　担当就是承担责任，承担工作任务并对其负责，将责任付诸实践。

　　在面对工作时，职场人必须有敢于承担责任的态度，勇于承担的信心和勇气，要采取积极主动的态度对待每件事，而不是消极被动地接受任务。只有用"解决问题，对结果负责"的态度来工作，我们的工作才会更有效率、更容易成功。不为失败找借口，只为成功寻方法。我们不但要对工作结果负责，还要对工作过程负责，不为自己的过错寻找借口。只有这样，我们才能在各种职场角色中负起责任，更好地有所担当。

　　管理者在企业中，往往承担着更大的责任。因此对管理者而言，不仅要敢于担当，还要勇于担当。勇于担当是指在工作中，面对困难敢于挺身而出；面对失误时，敢于承担责任；在对待下属时，面对困难敢于迎难而上。只有敢于担当、敢于履职，才能

稳定团队、带动团队，使团队形成合力，朝正确的目标前进，这是优秀管理者的素养与风范。

（二）有担当的管理者具备的个人素质

1.顾全大局，勇于担当

作为一名管理者，要具备勇于担当的基本素质，不当评论员，不当旁观者，而要强化责任意识，面对危机与风险时，有挺身而出的勇气。尺有所短，寸有所长，工作有难易，能力有高低，只有充分发挥自身的优势，在自身优势领域勇于担当，才能在自身的弱势领域获得他人的帮助，协调统一才能使团队工作完美完成。

作为一名管理者，要时刻保持清醒的头脑，根除"事不关己、高高挂起，明哲保身、但求无过"的思想；要以大局意识、整体意识强化工作责任心，有主动承担责任的勇气，有关键时刻站出来的豪气；要以身作则、率先垂范，用实际行动带动职工，用自身的人格魅力感染群众，不断增强团队的凝聚力。

2.利用一切机会培养人才

 案例讨论

小张是一家公司的优秀员工，他在自己的岗位上表现出色，得到了领导和同事的认可。然而，当小张申请升职时，他的领导认为小张的升职会威胁到自己的位置或权力，以各种理由拒绝了他的申请。

小张感到非常沮丧和失望，他觉得自己在公司辛勤工作了这么久，应该得到应有的回报。他开始怀疑自己的能力和价值，甚至考虑离开公司。

你怎么看待小张领导的做法？

3.一视同仁、机会平等

一家企业中领导的处事风格将延伸到企业的每个角落。管理者对员工应一视同仁，管理也是一样，若不能做到一视同仁就不能服人，借职务之便照顾"亲戚"的管理者更会被人诟病。

案例讨论

李某是某汽车零件生产公司的总经理，随着汽车工业的高速发展，公司规模从家族式小作坊，发展到数千名员工，成为具有一定知名度的大型制造企业，但李某又遇到了新的问题：公司的薪资水平在当地属于中等偏上，福利待遇也很不错，却很难招到新员工；即使招到了新员工，新员工工作两三个月也离职了；因为人手不够，即使拿到订单也不能完成生产任务，公司已经连续失去了几个大订单，李某为此很苦恼。

近期，李某决定在公司内部做一次工作满意度调查，以寻找原因，在进行满意度调查时，重点调查内容包括薪酬、主管、同事、工作条件等，一名中层管理人员陈某在调查中明确提出对李某的不满，认为他任人唯亲，没有在公司创造一个公平的环境，提议公司建立规范、透明的晋升机制，以留住优秀员工，但李某认为自己举贤不避亲，陈某不了解公司情况，只是在借机宣泄私愤，因此对陈某进行了警告，并将他调离了现有岗位，从此再没有员工明确表达对公司的不满，绝大多数员工都保持沉默，只是有人经常私下抱怨，公司的工作满意度调查不了了之，3个月后陈某辞职离开了公司。

你怎么看待李某的做法？

4. 了解下属、用人之长

作为一名管理者，要研究、深度了解自己的员工，从他们的行为、动作、眼神、语言、思想上去判断每个人的性格、能力特点，要看到每个人的长处，以用人之长。

作为一名管理者，要对自己的员工负责，承担"伯乐"的角色，给予员工肯定和鼓励，每个员工在不同的领域都有可能成为"千里马"。

5. 控制情绪

一个成熟的管理者需要具备很强的情绪控制能力，管理者情绪的好坏，有时会影响到公司的"气压"。作为一名管理者，你的情绪已经不单单是你自己的事情了，它会影响你的员工及其他部门的员工。职位越高，情绪的影响力越大。

6. 树立权威

管理者经常会在"人情"与"制度"中摇摆，一个管理者纵容下属的后果将会导致无序管理，管理层应该是企业制度的捍卫者，不允许任何人破坏企业的文化和制度。

管理者的担当还在于敢于用"法"治事，敢于惩戒无视、藐视公司管理制度的人。从大局出发，不谋私利，既不刻意取悦，也不刻意讨好，真正为员工的成长与公司的发展思量。

勇于承担责任

1. 游戏准备

小组成员相隔一行站成排（视人数而定）。

2. 游戏目的

可以形象地体会"勇于承担失误、承担责任"在工作中的必要性，并展开思考。

3. 游戏流程

小组成员相隔一行站成几排（视人数而定），组长喊"一"时，向右转；喊"二"时，向左转；喊"三"时，向后转；喊"四"时，向前跨一步；喊"五"时，不动。当有人做错时，做错的人要走出队列、站到大家面前先鞠躬，然后举起右手高声说："对不起，我错了！"将这个游戏进行5个回合。

思考：这个游戏说明了什么问题？

三、领导力

张长弓从技术岗位走向项目经理的岗位后，除了技术，很多工作也要做到面面俱到，怎么管理？管理者与技术人员的岗位差别较大，要让部门高效地运转起来，每个人都能做出业绩，不仅需要健全的管理方案，而且还需要领导迅速提升管理能力，把复杂的问题简单化，把简单的问题程序化。无论管人理事还是管事理人，管理能力都是首要的。因此，张长弓寻求公司的帮助进修领导力，开启了管理团队的新进程。

（一）领导力的概念

领导力是指在管辖的范围内充分地利用人力和客观条件，以最小的成本办成所需的事，从而提高整个团体的办事效率。领导力包括学习能力、工作能力、亲和力、沟通能力、协调能力、决策能力、分析判断能力、激励能力、指挥能力等多种能力。

领导力可以被形容为一系列行为的组合，而这些行为将会激励人们跟随领导要去的地方，而不是简单地服从。根据领导力的定义，我们会看到它存在于我们周围，在政府、在上市公司、在管理层、在小公司乃至一个小家庭，还在课堂、在球场，我们都可以从各个领域看到领导力，它是我们做好每件事的核心。

领导力是一种特殊的人际影响力，组织中的每个人都会影响他人，也要受他人的影响，因此每个员工都具有潜在的和现实的领导力。在组织中，管理者和员工共同推动着团队向着既定的目标前进，从而构成一个有机的系统。在系统内部具有以下几个要素：管理者的个性特征和领导艺术、员工的主观能动性、管理者与员工的积极互动、组织目标的制定，以及实现的过程。

小故事

合理用人之谁有本事就用谁

唐朝初年，唐太宗的叔叔李神通自认为打了很多胜仗，为唐朝立下了汗马功劳，因此不满在封官加爵的名单上位列末尾。唐太宗回应道：房玄龄和杜如晦等人为唐朝出谋划策，定天下之功，论功劳理应排在李神通之前。唐太宗注重选拔人才，认为官员的品德和才能是选拔官员的最重要标准。他曾经说过："用才之道，必知其人；知其人，必慎其举。"

唐太宗合理用人，与远近亲疏无关，这是领导力的综合体现。

说说看

领导力之五力模型如图 1-5 所示。

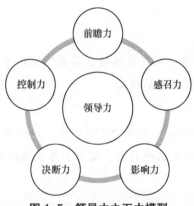

图 1-5　领导力之五力模型

（二）领导力之处理危机的能力

案例讨论

某大型制造企业的生产线上突然发生了故障，导致整个生产线被迫停工。现场负责人非常着急，认为这不仅会严重影响生产计划，还可能会对企业的声誉和客户的信任产生负面影响。

在这个紧急关头，技术负责人张明被召集到现场，他首先观察了生产线的情况，发现故障似乎与一个关键设备有关。张明安排专业人员进行检查和测试，同时收集相关数据和信息。

在分析数据时，张明发现故障与设备中的一个特定部件有关。他迅速与采购部门联系，确认该部件的库存情况，并确定是否可以立即更换。同时，他还与维修团队协商，制订了一份详细的维修计划。最终，他们成功地更换部件并恢复了生产线的正常运转。整个修复过程只用了不到 2 个小时。

以上的案例给了你什么样的启发？

小贴士

危机中领导力的三大核心

1. 镇定

在突发事件中，镇定是获得信任和支持的第一要素，也是解决危机的基础！管理者需要不断保持自己稳定的情绪，学会控制自己的情绪，并能够专注于解决问题。此外，领导者还需要具备适应能力和快速决策能力，以便在面对不确定性和变化时能够迅速做出决策并调整策略。

2. 直接发布行动指令

指令要清晰、明确、简单。突发危机时，不要纠结犹豫，立刻引导大家行动。如此既可以应对危机，又可以舒缓紧张的情绪。

3. 养势

通过积蓄力量、培养实力和扩大影响力的方式，以增强自己的实力和影响力，实现自己的目标。蓄养威势是一种策略性行动，需要具备长远眼光和周密计划。

 **强化训练**

领袖风采

1. 游戏规则

（1）每位组长只负责建设团队，所有小组成员参加报数比赛。

（2）报数，最先报完的为赢家。

（3）报数顺序：ABAB 交替报数。

（4）误报、漏报、错报、抢报都算输，如果出错就不用再比赛。

（5）输家组长做俯卧撑或仰卧起坐，男生做 20 次、40 次、80 次、160 次，女生做 10 次、30 次、70 次、150 次。

（6）以两组成绩出来后裁判宣布的比赛结果为最终结果。

（7）双方比赛时必须安静，在组长做俯卧撑时，任何一方包括组长发出任何声音，例如，掌声、数数声、笑声及私底下交谈，都必须接受惩罚，多做10个俯卧撑或仰卧起坐。

2. 游戏目的

（1）让组长（管理者）真正担起带领团队的责任。

（2）让小组成员（员工）在游戏中深刻感受"责任、认真、细心"的精髓，并回答以下两个问题。

问题一：为什么员工总是抱怨管理者对他的帮助和支持不够？员工抱怨的难道是真的吗？

问题二：管理者为员工做了那么多，为什么就是不被员工理解？

（3）在有效沟通的基础上，提高同事间的合作精神，减少同事、上级、下属等的隔阂，多一些理解和认同，认真做好每件小事情，工作全情投入，争取一次成功。

（4）培养员工的责任感，让所有人为自己负起责任。树立主人翁意识，营造"公司就是我的家"的氛围，培养"公司的大成功就是每位员工小成就的积累"的积极心态。

3. 时间：60分钟

思考练习

1. 你还知道企业有哪些制度？请在课堂上与大家分享。

2. 你喜欢什么样的领导？

拓展训练

人事管理策略

1. 活动规则

（1）所有同学分组后围成一个圆。

（2）当一位同学指向另一位同学时，说出一种角色名，该同学迅速做出与这个角色相应的动作，然后迅速指向其他同学。如果谁反应慢了，或者动作做错了，将受到"惩罚"。

（3）可规定3种角色，不同的角色要对应不同的动作。

老虎：张牙舞爪，相邻的小组成员蹲下。

大象：右手托住左手的肘部，左手模仿大象的长鼻子上下扑扇，相邻的小组成员为其扇风。

烤箱：双手平伸，原地蹦跳，相邻的队友面向其双手平伸。

2. 讨论

（1）你能靠一个人的力量就完成起立动作吗？

（2）如果参加游戏的小组成员能够保持动作协调一致，这个任务是不是更容易完成？为什么？

（3）你们是否想过通过一些办法保证小组成员的动作协调一致？

3. 总结经验，点拨提高

从学校到职场，每个人都在不断成长，职场进阶能有效地彰显职场人的能力，但在进阶的路上需要庞大的知识架构，需要了解和掌握更多的职场知识。本章从进阶管理层需要了解的企业管理制度、人力资源管理、自我管理能力等方面入手，让同学们学习有关制度的意义、企业绩效管理的用途，以及在进阶路上能为自己增添力量的自媒体应用能力和管理必备的领导力。

项目二
职场华丽转身

项目简介

项目背景

张长弓由网络优化工程师晋升为项目经理后，凭借过硬的技术赢得了同事的尊重。但最近他发现自己的时间不够用，下属总是有问不完的问题。

周一早上，张长弓的办公室门口有两个等待张长弓做决策的下属。

员工甲："早啊，老大！我这里有个问题，想向你请示。"

接下来，员工甲将上周遗留的问题汇报了一番。但实际上，张长弓着急去开周一上午的例会。待员工甲汇报完，张长弓很想先听听员工甲的意见，于是问："你觉得该怎么办？"

"老大，我就是因为想不出办法，才不得不向你求援呀！"

"不会吧，你一定能找到更好的方法。"张长弓看了看手表，"这样吧，我现在正好有急事，明天下午四点后我有空，到时你拿几个解决方案，我们一起讨论。"

午休时，陈小发发了一条微信：老张啊，我准备换工作了，晚上一起聚啊，老地方见。

张长弓：行，最近我与下属沟通也不畅，你这又是什么情况啊？不见不散啊！

陈小发：当年我也是技术优秀生啊，怎么路越走越窄了呢？

张长弓：你不是一直做得挺好的吗？这次辞职是为什么啊？

陈小发：都说媳妇熬成婆，我这5年了，还是这样，晚上聊。

"作为管理者，怎样区分自己的工作职责？""自身的职业定位怎么做？"这些对职场人士而言也是一门必修课。那么，处于就业季的你，应该怎样做准备呢？本章将带你一起学习华丽转身的课程。

项目目标

① 了解职业定位的意义及职场晋升的要素。　② 提升未来职场胜任力及生存能力。

知识图谱

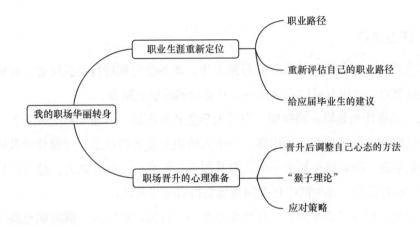

小组讨论

设想 5 年后，对公司忠心耿耿的你依然没有得到晋升，你会怎么办？

任务一 职业生涯重新定位

随着公司规模的扩大，年度优秀员工张长弓由于技术能力过硬，综合素质较好，被提拔为项目经理。而同时期毕业的室友陈小发虽然也工作了 5 年，但依然处于普通网络优化工程师的岗位。于是，下班小聚时，陈小发向张长弓诉说了公司的一些情况，也提到了自己的决定。他说，毕业时，自己只想好好学技术，认为其他的事情不重要，心想公司有晋升制度，只要自己慢慢做就一定会被看见，可是现在怎么突然看不到希望了呢？

小贴士

职业生涯可以分为内职业生涯与外职业生涯。

1. 内职业生涯

内职业生涯是指从事一种职业时的知识、观念、经验、能力、心理素质、内心感受等因素的组合及其变化过程，它是别人无法替代和窃取的人生财富。

2. 外职业生涯

外职业生涯是指从事职业时的工作单位、工作时间、工作地点、工作内容、工作职务与职称、工作环境、工资待遇等因素的组合及其变化过程，它依赖于内职业生涯的发展。

一、职业路径

现实生活中，不少职场人长年累月地工作，却不会定期进行自我反省。这样，即使他们一直很努力，也很有可能会走向一条并非所愿的职业路径。

那么，到底什么是职业路径呢？在《大学生初涉职场一本通（第2版）》一书中，我们曾讲过职业生涯规划的相关内容：一个人的职业发展的状态、过程及结果构成了其个人的职业生涯。职业路径是指一个人对其职业发展有一定的控制力，他可以利用所遇到的机会，在自己的职业生涯中最大限度地获得成功与满足。

下面主要介绍4种职业路径：传统职业路径、行为职业路线、横向职业路径和双重职业路径。

● 传统职业路径是一种基于过去企业内员工的实际发展道路而制定的一种发展模式。

● 行为职业路径是一种建立在对各个工作岗位的行为需求分析基础上的职业发展路径。

● 企业也常采取横向调动使工作具有多样性，使员工焕发新的活力、迎接新的挑战。虽然没有加薪或晋升，但员工可以增加自己对企业的价值，使自己的能力得到提升。

● 双重职业路径主要是用于解决有关受过技术培训但不希望在企业中通过正常升迁程序调到管理部门的这类员工的问题。

事实上，企业不同，内部晋升机制及人才培养方式也不同。也就是说，在不同的企业中，职业路径是不同的，因此，我们必须做好职业生涯规划。那么，什么是职业生涯呢？职业生涯是一个动态的过程，是指一个人一生在职业岗位上所拥有的与工作活动相关的连续经历，并不包含在职业上获得成功与失败或取得进步快与慢的含义。也就是说，无论职位高低，无论成功与否，每个职场人都有专属于自己的职业生涯。

二、重新评估自己的职业路径

同时进入一家企业的员工，有的员工工作一直无起色，有的员工却稳步上升。两者的区别到底是什么呢？工作的前3年是积累的过程，我们什么时候需要重新评估自己的职业路径呢？

个人职业发展要想取得进步，不仅需要在一个平台上持续积累经验，而且更重要的是找准自己的职业定位，只有同时满足职业忠诚度（即个人对自己的职业选择的确定程度）

和组织忠诚度［即个人对组织（公司、单位、团队等）的忠诚度］这两个条件，才能保证职业发展稳步上升。在日常工作中，我们需要注意以下3点。

1. 在一个岗位超过两年成绩平平，需要重新思考职业定位

此条对工作时间不满5年的职场人更为关键。一个职场人若出现换工作3次或累计工作时间两年都成绩平平、没有发展，务必要重视这种情况，这很有可能是你的职业定位出现了问题。此时，你要认真梳理工作、总结得失，结合自身的特长和价值观对职业定位进行综合评估，若有偏差就需要及时调整，尽早转入合适的轨道上发展。如果自己无法完成转型和调整，就要尽早听取职业规划师的意见。

2. 积累专业技能，适时掌握管理技能

工作技能分为通用技能和专业技能。通用技能是指无论从事什么行业、岗位，都需要掌握的基本技能。专业技能是指你从事的专业领域中需要具备的技能，这个技能甚至有一定的排他性。例如，通信企业项目经理要把工作做得出色，不仅需要拥有技术能力，更需要拥有项目管理能力、统筹应用能力等。在确定自己的职业定位和目标后，就要围绕这个"中心"，结合自身的发展状况，及时补充、提升自己的专业技能，形成个人核心竞争力。此外，如果想往管理岗位的方向晋升，必定会涉及辅导下属和带领团队的工作，那就需要寻找机会进行练习，积累管理方面的技能和经验。

3. 与领导保持良好的沟通

有的职场人对工作任劳任怨、默默付出，却没有得到晋升，原因在于他们只知道工作，而忽略了汇报工作，没能和领导建立起良好的沟通，也无法让领导及时掌握工作进展，那么想要升职自然很难。

说说看

在聚会时，张长弓接到了表弟的电话，表弟上大四，即将进入职场。他想向张长弓学习企业生存技能，于是，张长弓约他一起来聚餐。

陈小发："老张啊，恭喜你啊，终于升职了。不像兄弟我，待了这么多年，依然不被重用。所以我最近准备换个环境。毕竟，树挪死、人挪活啊。"张长弓笑而不语。

表弟："小陈哥，你技术这么好，换就换呗，还愁找不到工作吗？"

陈小发："表弟，我们不比啊，上有老、下有小的，还有房贷、车贷，还有，马上就要发年终奖了！"

表弟："也是啊。但年终奖不是过年的时候就发了吗？"

陈小发："通信行业的企业，一般会在年终发一部分奖金，过完年再发剩余部分，这也是企业挽留人才的一种方式。"

表弟："好吧，但是做得不开心，就不做了吧。"

张长弓："哪有那么简单。真要这么简单，你小陈哥也不至于这么纠结了。现在有好去处了吗？"

陈小发："有几家正在接洽了，但是我觉得很纠结。毕竟，到了我们这个年龄，你也知道我一直想单独做项目，但是一直忙，也没时间'充电'。上次换工作，是为了薪资。但现在也不全是工资的事儿了，我觉得自己不清楚自己未来的发展方向了。"

张长弓："作为职场人，每次换工作都是人生中的一个节点，绝对不能草率决定。"

表弟："但是偷偷去面试，总觉得心里过意不去呢。'裸辞'确实也面临生活困难的实际情况。"

张长弓："现在是毕业季，其实，我不太建议你这个时期离职。另外，行业内有句'金三银四'的说法，况且年终奖也是三、四月的时候发。"

陈小发："对啊，我目前的问题就是对自身的定位不清楚，对管理岗兴趣不大，还是希望做技术岗。"

张长弓："是的，所以目前你要做的应该是做好规划，看自己到底擅长做什么，缺少什么知识就去'充电'。毕竟，去了新的企业，什么都要重新开始。"

张长弓："换工作本身就是具有风险的，最大的风险就是找不到好工作，一直处于失业状态。还有一种风险就是换的新工作还没原来的工作好。如果是前者，就一定要给自己积极的心理暗示；如果是后者，也要努力适应环境，千万不要换来换去，给别人留下不稳定的印象。"

思考：关于转行换工作，你有什么好的建议吗？

当你产生换工作的想法时，需要做好充分的准备，可从以下几个方面来考虑。

1. 务必明确目标，职业定位先行

了解个人的职业定位是必不可少的功课，没有明确的职业定位，盲目换工作是有很大风险的。

2. 知己知彼，透彻分析目标职业

要透彻地了解目标职业的岗位性质、工作内容、薪资待遇、优缺点、发展空间等，对目标公司的基本情况、行业发展的状况等也要做到心中有数。

3. 自己在行业内的经验或知识技能储备是否满足目标岗位的需求

到了新的企业，对工作的熟悉度、同事关系、上下级磨合等都需要重新开始。当准备得越充分，对新环境的适应就越快。建议刚毕业的大学生，在职场的前3年，要注重自身经验的积累。

4. 考虑薪资待遇问题

薪资待遇问题应是我们考虑的问题。另外，不建议大家"裸辞"。

5. 转行要慎重

企业对求职人员的工作经验还是比较看重的，这就造成了转行的不便。在转行时一定要给自己积极"充电"，最好是找与原来工作相近的行业。大学生在决定第一份工作时要想好，毕竟进入某个行业后再换新行业是比较艰难的。

6. 换工作要保持好品德

换工作要考虑哪些问题？准备换工作的员工一定不要大张旗鼓地宣传原公司的不好。另外，离职时一定要做好交接工作，千万不要把原公司的资料带到新公司去，否则原公司有权起诉你。

7. 考虑社保接续问题

对于在大城市工作与生活的外地人来说，很多相关政策都与社保连续缴纳密切相关，社保影响生活的方方面面，最好不要中断。

小贴士

职业生涯的过程有两种形式。

一是职务的改变，即在同一职业甚至同一单位中，一个人职位的不断晋升。

二是职业的改变，即一个人所从事工作内容的改变。这种改变，并不一定是工作或者单位的变动，也可以是在一个单位中从事不同的工作，这都属于职业生涯的良性发展。

一般而言，一个定向的职业选择必须同时符合兴趣、能力和价值观3个层面的要求。当三者发生冲突时，也就到了职场迷茫期。所以，在面对职业再选择时，可以参考以下两个建议。

1. 精力 = 优势 + 价值

很多人在职业中感到精力不足，究其原因，要么是这份职业并不能发挥自己的优势，要么是这份职业虽然能发挥自己的优势，但无法满足自己的核心价值。例如，一个从小对数字并不敏感的人去做财务工作，由于数字处理恰恰是自己的能力盲区，就很难从工作本身找到乐趣，此时如果领导对他的工作成果不是很满意，甚至有一些负面反馈，他就容易感到焦虑、挫败感十足。

2. 专注 = 兴趣 + 能力

一个人能对一份职业保持专注，首先要有兴趣，且能力也要匹配这份兴趣。例如，很多人喜欢唱歌，但唱得并不好听，但也有少数人具有唱歌的天分，这种能力如果得到行业的认可，他们自然会专注于歌唱事业。

三、给应届毕业生的建议

应届毕业生应该清楚地知道企业需要的是能真正给它创造价值的人。当你什么都做不了时，就要虚心，沉淀自己。在此给大家 6 点建议。

1. 了解自己，了解企业

目前，大学生很少会在上学期间关注自己心仪的公司，其实，应该花时间去研究这类公司需要什么样的人才，思考自己离这种人才标准的差距。因此，在校期间，请充分利用求职网站，例如，智联招聘、猎聘、BOSS 直聘等平台收集资料，做好相关准备。

2. 初入职场，应积累经验

古人教导我们："人为三品：上品之人，不教而善；中品之人，教而后善；下品之人，教亦不善。"将这句话稍作修改，运用于职场，则是"人为三品：上品之人，不教而明，属于圣人一流；中品之人，教而后益，多数人都在此类；下品之人，虽教而无益"。因此，关于薪水是第一个月重要还是三五年后重要，这个需要自己评判。

3. 切忌好高骛远，踏实做好眼前的工作

古人讲："一屋不扫，何以扫天下？"老板喜欢的人永远是那种有胆识，但更有一流执行能力的员工。

4. 大学不仅仅是一纸文凭

大学的真正意义是认识你自己，形成对世界、对社会、对自己较深刻且较清晰的认知：知道自己要什么，不要什么；赞成什么，反对什么；能做什么，不能做什么。毕竟，3 分钟的谈吐就能展现你的底蕴。

5. 围绕目标做努力

确定目标之后，你就要分步努力了。如果你想成为销售主管，那前几年你要做到什么样的业绩，未来你要达到什么样的水平，要有初步的规划，然后按这个规划，开始你的职场生涯。

6. 实习时，要处理好和同事的关系

并不是每个业绩好的员工都能够得到晋升，有的人业绩很好，但因为关系没有处理好人际关系，所以得不到晋升。所以，平时要宽容地对待每个人，能够帮助别人时一定要多帮助人，到时候大家也会帮助你。

• 任务二 • **职场晋升的心理准备**

张长弓在训练营中，了解了很多的职场晋升案例。例如，在行政部门中，某人好不容易得到了期待已久的主管职位，但新官上任不久，就开始诉苦说自己睡不着、缺乏食欲，然后越来越感到焦虑不安，直到丧失了干劲和自信。

一、晋升后调整自己心态的方法

情景模拟

生病的主管

1. 活动流程

① 各组自行设计情节。

② 表演出该情节。

2. 活动要求

① 时间：5分钟。

② 讨论：为何会出现这样的情况？

其实，张长弓的主管同事就是得了晋升忧郁症。晋升忧郁症主要因"生活环境"（主要指工作所追求的职位）的变化所致。不能顺利地从原来熟悉的工作转入另一个新职务，或是因为缺乏管理能力而产生不适应的症状。

例如，本来只要把领导交代的工作做好而已，但在担任主管之后，就变成分派并管理下属的工作。也就是说，原先处于被动地位的人，现在被要求发挥主体的创造性。可是，此职务并非只把眼前的工作做好就行，它还必须搜集各种资讯以保持广阔的视野，站在不同的立场决断各种事务。因此，即使原本颇有责任感、工作能力很强的人，也未必具有领导能力和判断能力。即使一贯在销售和接待方面有优越表现的人，也未必适合公司内部抽象性的管理工作。尤其是对"技术岗转管理岗"的新晋管理者来说，这种情况更加明显："唉，怎么回事？明明当初以为只要勤奋努力、工作出色就能升职加薪走上人生巅峰，怎么和想象的不一样呢？"

二、"猴子理论"

张长弓在训练营吃午餐时，听到了这样一段顺口溜："自己忙成'狗'，下属没事干；团队成长慢，毫无成就感；沟通效率低，一件事说8遍。"张长弓感同身受，他想，自己布置下去的工作总是提心吊胆完不成；老板天马行空，该怎么与老板沟通？如何带领年龄比自己大、资历比自己深的员工？

对新晋管理者来说，他们的情绪很轻易就被下属的行为左右了，下属一旦出错或工作表现不理想，管理者就会陷入负面情绪中，这到底是为什么？因为新晋管理者把本应由下属照料的"猴子"，抱到了自己身上，这就是著名的"猴子理论"。

"猴子理论"

　　"猴子理论"是由比尔·翁肯发明的一个有趣的理论，他把责任或者下一个动作比喻成"猴子"。假如你有10个下属，每个人每周都扔3个"猴子"到你身上，你都说"我现在很忙，我想想再告诉你"，也就是一周你要收养30只"猴子"，"猴子"爬满你的全身，让你焦头烂额、完全没有时间处理自己的事情。

　　组织中最基本的原则是"责权利"心法。很多人有"逃避责任"的依赖心理，倾向于让领导帮他承担决策的责任和决策可能导致失败的责任，而有些领导很享受这种被依赖的感觉，不仅让下属的"猴子"占据了自己所有的时间，而且让下属没法获得成长。"猴子理论"就是让责任待在它的主人身上，不要让别人的"猴子"爬满你的全身。

三、应对策略

　　每个下属都有自己的"猴子"，如果都交由领导管理"猴子"，显然，管理者自己的时间会不够用。

　　"猴子理论"的目的在于帮助管理者选派适当的人选在适当的时间，用正确的方法做正确的事。当然，这个法则只能运用在有生存价值的"猴子"身上。

　　关于做决定，管理者应该记住以下准则。

　　● 该下属做决定的事，一定要让他们自己学着做决定。

　　● 做决定意味着为自己的决定负责任，下属不想做决定，常常是其潜意识里不想承担责任。

　　● 下属不思考问题、不习惯做决定的根源一般有两个：一是有"托付思想"，依赖领导或同事，这样的下属不堪重用；二是领导习惯代替下属做决定或喜欢享受别人听命于自己的成就感，这样的领导和他所带领的团队难以胜任复杂的工作。

　　● 让下属自己想办法、做决定，就是训练下属独立思考问题的能力和勇于承担责任的行事风格。

思考练习

　　如果你是张长弓，你对实习生有怎样的建议呢？请回顾本章课程，完成相关问答。

拓展训练

企业家大讲堂

知名企业家或企业创始人到校园开设讲座可以帮助学生更为深入地了解企业制度、文化和企业的用人要求，使学生明确职业目标，准确定位自己并发展成受企业欢迎的创新型人才。

通过本章的学习，我们了解了职场晋升心理的相关知识以及职业定位的重要性。因此，对于在校生而言，我们的建议有以下3点。

首先，求职前做好充分的准备，找准自己的综合素质与目标岗位的差距。

其次，在职时，全面提升自身的能力，做好职业定位。

最后，机会总是留给有准备的人，请提前储存好迎接成功的能力！

项目三
下一站：全新开始

项目背景

张长弓接到人力资源部的通知，公司即将前往东海大学开展校园宣讲会，为本年度的校园招聘做好准备，希望项目部提供两名技术工程师作为支持，寻求优秀的实习生。

好久没有回母校的张长弓，决定和顾十三一起参与此次校园招聘。张长弓邀约顾十三："老顾，这次宣讲，我们一起回学校走走，也拜访一下我们的老师。"

顾十三："好啊，太久没回学校了，不妨去看看朝气蓬勃的学弟学妹，想想当年的我们。"

张长弓："哈哈，突然想起有一次，你兴高采烈地回宿舍说你找到工作了，结果是空欢喜一场。"

顾十三："对啊，那时候太年轻，也不懂招聘人员让你回去等消息，最后就是没消息。"

张长弓："现在能够理解了，招聘压力那么大，我们要的不是最优秀的人员，而是最合适的。例如，对于网络工程师，我需要的是技术过关的人员；对于监理，我看中的不是你的技术，而是你的沟通协调及应变能力；对于项目助理，我需要的是你善于观察的能力……"

顾十三："如果当年我们懂这些，就不会走那么多弯路了。"

张长弓："什么是好工作？适合自己的才是好工作。"

顾十三："那么什么是适合自己的工作？没有结合自己的兴趣、能力、资源做规划，没有总目标，就不能清晰定位，怎么能找到最好的？"

张长弓："是啊，这次估计类似的情况也不在少数。"

顾十三："面试3分钟，怎么能面面俱到发挥优势？无非是看你的简历、表达、言谈举止。"

张长弓："哈哈，走，今天看看，现场有没有当年穿球服的你？"

顾十三：……

从以上张长弓的故事中，你学到了什么？目前处于求职状态的你，是否会对自己的简历怎么脱颖而出而感到纠结，是否会为面试怎么说而感到彷徨，是否会为自己目前离实现目标究竟有多远而心生疑惑？本章的课程将带你走进一个全新的世界。

项目目标

① 掌握 ICT 相关专业求职简历的特点及制作方法。② 理解面试中常见问题的回答
③ 确定自己的求职目标。　　　　　　　　　　　技巧及面试类型。

知识图谱

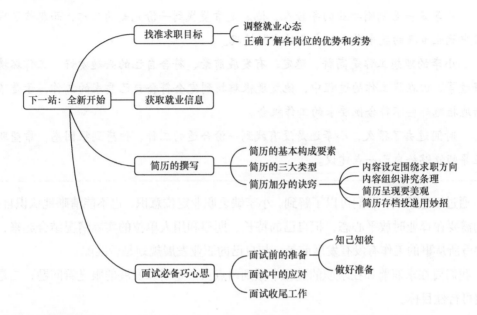

课前测试

　　高新顺利通过了两轮面试，并已经收到了公司的录用通知。但公司打电话通知他上班时间、要准备的个人资料时，高新却说自己不去了，因为他在网上看到自己要去的这家公司的口碑并不好。

思考

1. 高新的问题有哪些？
2. 如果是你，你会怎么做？

任务一　找准求职目标

　　张长弓看着面试者，问他为何选择这家公司，面试者说，因为公司平台优质，未来发展比较好；张长弓又问他为何选择这个岗位；面试者说，没想那么多，缘分吧。

一、调整就业心态

🔍 小故事

小李是一名刚刚毕业的年轻人，他总是希望找到一份完美的工作，而忽略了现实中就业市场的竞争激烈和自己的实际情况。

小李的理想工作是高薪、稳定、有发展前景、符合自己的兴趣爱好、工作环境舒适等。但在找工作的过程中，他发现很难找到完全符合自己要求的工作，于是不断地拒绝那些不符合他要求的工作机会。

时间过去了很久，小李还是没有找到一份合适的工作，他感到很困惑，希望职业导师能够给自己一点建议。

通过以上案例，我们可以了解到，小李缺乏职业定位意识，也不能清晰地认识自我。我们需要在择业时放平心态，把自己的特长、期望和用人单位的实际情况结合起来，关键要看所从事的工作有没有发展前景，与自己的职业发展规划是否匹配。

我们要在求职前和在求职的过程中做到两点：一是要以发展的眼光看问题；二是要制定可行性目标。

什么是目标呢？目标是一个人做事的发展方向。没有目标，我们将难以找到行动的方向。但是目标的制定不能太低，也不能太高。因为目标太低容易实现，目标太高容易受挫。所以，制定的目标最好是跳一跳，才能够得着的。在这里，我们回顾一下SMART原则。

1. S：Specific，明确性

可行性目标必须是明确的、具体的。简而言之，一个目标的工作量、达成日期、责任人、资源都必须是确定的。例如，"我要通过毕业答辩"和"我要在5月完成毕业论文制作，并在答辩中取得A等成绩"两者相比较，后者显然是一种更明确的目标。

2. M：Measurable，可衡量性

建议目标用数字或者用语言描述，对一些主观性词语，要尽量避免，例如"更好的""更有效果的"等。相较于"英语六级考试我要取得理想的成绩""英语六级我要考560分"就更为客观并且可衡量。

3. A：Attainable，可达成性

这里强调的是目标执行人必须真正愿意接受这个目标，并且认同这个目标。例如，相较于英语初级学习者"我一天时间可以实现英语口语自如对话""我今天要学会20个单词"更具有可行性。

4. R：Relevant，相关性

如果目标在现实条件下不可行，可能是由于目标的制定者乐观地估计了当前的形势。

尤其是对自身认识不清晰的同学，很容易出现这种问题。因此，在以后的工作中，我们可以选择符合自身发展以及当前发展形势的行业或岗位。例如，"我的终极目标是成为优秀的通信专业讲师，但目前的授课技巧为零。前期我要进入通信行业，然后我多参与内部培训、掌握培训技巧，我要努力成为通信行业的专业讲师"。

5. T：Time-bound，时限性

建议大家制定的目标必须具体到某年某月，也可以具体到某日某时。例如，"我毕业之后的第一年要进入项目小组，第二年要做项目小组长，第三年要做项目经理"。

强化训练

设定求职目标：结合今日所学的目标设定因素，设定自己的求职目标。

活动时间：15分钟。

活动流程：

1. 小组讨论；

2. 小组代表发言。

二、正确了解各岗位的优势和劣势

很多同学咨询毕业后到底该何去何从。其实，对于这个问题，大学生从大学二年级起就应该有初步的想法。大学生的毕业去向一般有考研、求职、出国留学、自主创业和暂缓就业 5 种。毕业去向如图 3-1 所示。

说说看

毕业后，你打算去哪里？为什么？

1. 考研

如果对某个专业、某种学问有热爱和相应的研究能力，那就不要浪费自己的爱好和天分，可以继续深造，终有一天你会有所建树。但如果考研只是为了规

图 3-1 毕业去向

避和缓解就业压力，那么建议不要考研，研究生毕业后压力只增不减，而且会使你丧失积累经验的机会。考研的优势和劣势如图 3-2 所示。

2. 考公务员

有志从政的人可以选择考公务员。如果想要升职，就要有长期拼搏的决心。公务员的优势和劣势如图 3-3 所示。

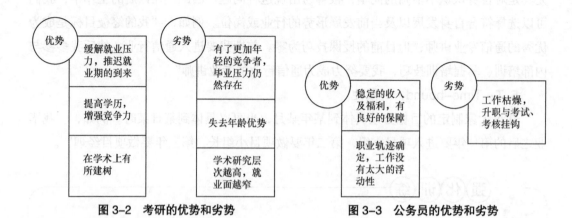

图 3-2　考研的优势和劣势　　　　　　图 3-3　公务员的优势和劣势

3. 去国企或事业单位

国企是不错的就业选择，能够全方位地锻炼人。国企或事业单位的优势和劣势如图 3-4 所示。

4. 进私企

很多毕业生愿意选择私企，认为其更容易积累经验。但是，毕业生缺乏经验，很容易被第一份工作定型，并限制自身发展。同时，私企同样有广阔的发展空间。私企的优势和劣势如图 3-5 所示。

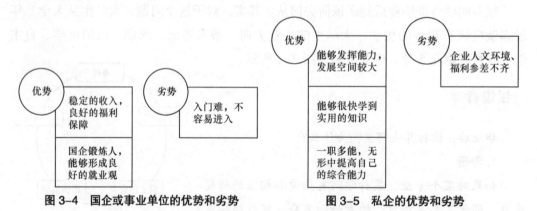

图 3-4　国企或事业单位的优势和劣势　　　　图 3-5　私企的优势和劣势

5. 去外企

外企的企业环境和管理系统有利于毕业生学到更多的东西，得到更全面的提升。但是，外企竞争激烈，职位也只能到一定的级别。外企的优势和劣势如图 3-6 所示。

6. 出国留学

如果有条件出国留学，可以出去看看世界。但是，如果没有合适自己的学校专业，也可以把留学所花费的资金用来创业或投资。出国留学的优势和劣势如图 3-7 所示。

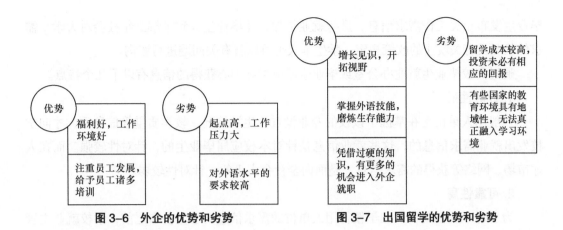

图 3-6 外企的优势和劣势　　　　图 3-7 出国留学的优势和劣势

7. 自主创业

大学毕业生想创业成功，不仅需要有远大的理想，还要有激情、行动力、领导能力、商业信用和超强的适应性。无论是心智、洞察市场的眼光，还是领导气质，毕业生还有一定的欠缺。自主创业的优势和劣势如图 3-8 所示。

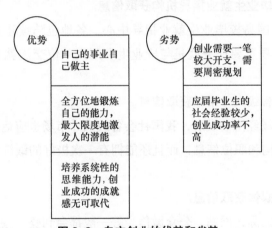

图 3-8 自主创业的优势和劣势

任务二　获取就业信息

获取就业信息是就业准备工作中非常重要的一个环节。当我们知道哪些企业存在就业机会，并且明确哪些就业机会适合自己之后，才能进一步采取行动。因此，我们应当广泛开辟就业信息获取的渠道，同时要对收集的信息进行筛选和整理。收集就业信息时要善于利用各种渠道、通过各种途径来获取，这些渠道和途径如下。

第一，通过学校就业主管部门网站获取信息。

学校的毕业生就业办公室或毕业生就业指导中心，是高校毕业生就业的行政管理部门，与各部委和省市的毕业生就业主管部门及用人单位有着密切的联系，他们会及时向毕业生发布相关工作需求信息，进行就业指导，让毕业生大致了解当年社会对大学生需求的状况及有关就业的政策规定，学生本人也可以就有关问题进行咨询。

通过高校毕业生就业办公室或毕业生就业指导中心获得的信息有以下几个特点。

1. 针对性强

一般用人单位是在掌握了该校的专业设置、生源情况、教学质量等信息后，才向学校发出就业需求信息的，这些就业信息是针对本校应届毕业生的，针对性较强。而在人才市场、网络等获得的需求信息，是面向全社会人士的，针对性较弱。

2. 可靠性高

为了对毕业生负责，在学校将用人单位的需求信息向学生公布之前，学校就业主管部门要先对就业信息进行审核，保证信息的可靠性。

3. 成功率大

毕业生符合条件并善于把握机会，学生和用人单位面谈合适，就能签下协议书，成功概率较大。

第二，通过各级毕业生就业指导机构获取信息。

教育部成立了全国高校毕业生就业指导中心，各地也陆续建立了毕业生就业指导机构。这些机构的一项重要任务就是与毕业生和用人单位交流就业信息，提供就业咨询服务。

第三，通过社会各级人才市场获取信息。

随着社会主义市场经济的发展，我国社会各级人才市场也应运而生，在那里不仅可以了解许多不同的机构和职位信息，而且还能拥有一次极好的锻炼面试技能和增强面试自信心的机会。

第四，通过新闻媒体获取信息。

每年大学生毕业之际，网站、公众微信号等一般都会刊登一些关于大学生就业的指导信息，信息从不同侧面和角度反映了当年大学生就业的需求情况。

第五，通过社会关系网获取信息。

在寻找就业信息时，千万不要忘记你周围的亲戚、朋友及朋友的朋友，也许他们会给你提供一些机会。实际上，大多数用人单位愿意录用经人介绍和推荐进来的求职者，他们认为这样录用进来的人比较可靠，如果你有这种机会最好不要错过。当然，关系要靠自己去发掘，途径也应该正当。

一般可以为你提供信息的主要有以下几类人。

1. 家长和亲友

家长和亲友都相当关心毕业生的就业问题，他们与社会有多重联系，可以从不同渠道带来各种用人单位的需求信息。家长和亲友提供的就业信息主要源于其个人的社会关系，相对固定，但也有局限性。

2. 教师或导师

由于本专业的教师比一般人更了解本专业毕业生适合就业的方向和范围，在与校外的研究所、企业合作开发科研项目和教学活动的过程中，对一些对口单位的人才需求信息了解得比较详细。毕业生可以通过本专业教师获得有关企业的用人信息，从而不断地补充自己的信息库。

3. 校友

校友提供的职业信息的最大特点是比较接近本校、本专业的毕业生在人才市场上的供求状况及其在具体行业中的实际发展状况，尤其近几年毕业的校友更有着对职业信息的获取、比较、选择、处理的经验和竞争择业的亲身体会，这比纯粹的就业信息更有参考和利用价值。

第六，通过社会实践（或实习）过程获取信息。

社会实践是大学生自我开发就业信息的重要途径。在社会实践的过程中，通过自己的努力赢得用人单位的好感、信任，获得职业信息以及找到工作的大学生不乏其人。因此，大学生在各种社会实践活动中了解社会、提高思想觉悟、培养社会能力的同时，还要做一个收集就业信息的有心人。

第七，通过计算机网络获取信息。

随着信息时代的到来，计算机网络的应用已经越来越普遍。网络求职虽然是近年来兴起的人才交流方式，但是对许多求职者，特别是高校应届生来说并不陌生。网络人才交流是通过将求职信息及招聘信息在网上公开，用人单位和求职者可以通过网络互相选择、直接交流。网络人才交流的最大优势在于即使求职者身在异地也能获得大量招聘信息及就业机会。突破了人才信息与招聘信息沟通的种种限制，跨越了时空界限，打破了单向选择的传统人才交流格局。网络人才交流讲究的是规模效应，因此其信息容量之大是其他人才交流方式所不能比拟的。

第八，通过各种类型的"人才交流会""供需见面会"获取信息。

这类活动有的是学校主办的，有的是当地毕业生就业主管部门组织的。因为是供需双方之间见面，不仅可以掌握许多用人信息，而且可以当场签订协议，比较便捷有效。

第九，通过就业经理获取信息。

为了让学生更好地就业，校企合作专业均配备了就业经理，专职为大家提供优质岗位推荐。就业经理会经常向学院发布就业信息，举办专场招聘会，并长期同有关单位保持良好的合作关系。校企合作专业的学生会统一推进定岗实习，实习单位一般比较对口，通过实习可以直接掌握就业信息，在实习的过程中与用人单位达成就业协议也是一个很好的就业途径。

小贴士

从费用角度讲，参加社会上的人才招聘活动，除了需要门票开支，还有其他各种额外费用。求助于亲友虽然有时并不需要花费金钱，但是感情投资是相当大的。

从周期角度看，不论何种途径都需要等待，但还是有所区别的。哪怕是参加人才招聘会，尽管也有面试的成分，但是由于招聘活动的规模过大，竞争比较激烈，所以需要耐心等待。求助于中介机构，不论是登记本人信息还是查找单位信息，时效性都会打折扣。

· 任务三 · **简历的撰写**

来到宣讲会，张长弓看着收集的简历，快速地选出自己想要的人才。助理不解地问："这个学生也挺优秀的啊，简历洋洋洒洒地写了好几页呢。"

张长弓："这次我们要招聘的是网络优化工程师岗位，未来要进阶的是……但通篇来看，你知道他是谁，他何时毕业吗？"助理拿起简历，快速浏览："啊，真的没……"

一般而言，初步筛选简历的是招聘专员，但是他们除了负责收集求职者简历，还负责筛选简历，这决定谁可以进入面试环节。当用人单位着急用人时，其用人部门也会直接筛选简历，参与招聘过程。

小故事

简历的筛选

在一个知名的人力资源论坛上，有位招聘专员发帖提问："我们每天都要面对大量的简历，你最短用多少时间能看完一份简历？"在该帖中他坦言自己最快的时间是 5 秒。跟帖者也都表示每天收到的简历成百上千，浏览时间十分有限。更有甚者，有的简历一打开，硬件条件不行，马上关闭，耗时大约 2 秒。

由此可见，企业的用人选拔从简历筛选环节已经开始。我们想要引起面试官的注意，使自己在众多的应聘者中脱颖而出，就必须利用好有限的简历充分展示自己。

一、简历的基本构成要素

个人简历是自己生活、学习、工作、经历、成绩的概括集锦。呈送个人简历的目的是让用人单位全面了解自己，从而为自己创造面试的机会并最终达到就业的目的。因为人生每个阶段的目标不同，个人展示的侧重点也有很大的不同。那么，作为应届毕业生，我们的简历必须包含哪些要素呢？

简历一般包含以下 5 个要素。

1. 个人的基本信息

姓名：简历上的姓名要与身份证上的姓名一致。

性别：若有个人照片，可以不写。

籍贯：与实际一致即可。

年龄：符合企业招聘年龄的要求，具有成熟感。

毕业院校名称：写全称。

专业：一定注意不要写错别字，例如通信工程专业，不能写成通讯工程等。

学历：与实际一致。

联系方式：电话、E-mail 等，这个是必填项，E-mail 的用户名可采用标准的用户名格式。

小贴士

个人简历有 3 种形式：表格式、时间顺序式、学习工作经历式。

1. 表格式是用表格的形式列出自己的基本情况和学习、工作的经历，使人一目了然。

2. 时间顺序式是按年月顺序，列出自己的学习和工作经历，条理清楚。

3. 学习和工作经历式是根据需要有选择地列出自己的学习和工作经历，充分表现自己的技能、品德。对于即将毕业的大学生来说，采用表格式和时间顺序式比较合适。

2. 求职意向

求职意向是简历中不可或缺的部分：一方面，用人单位会通过简历上给出的求职意向，明确你的发展方向是否与公司的招聘职位相符合；另一方面，若简历上没有写明具体的求职意向，企业的人事专员可能会认为你对自己的认识、定位不清，不知道自己适合哪个岗位，或者认为你是个粗心的人，不小心遗漏了该项。所以，无论从哪个方面来说，求职意向都应该在简历上呈现。

求职意向的内容可以放在个人的基本信息之后，也可以根据简历的版式，放在简历正文前的左上角。不建议将其放在简历最后的部分，因为一般人事经理看简历的时间不超过 30 秒，很可能一时找不到你求职意向的信息，导致你落选。

3. 教育背景

教育背景按照时间倒叙的原则进行书写。在应届生的简历中，教育背景所包含的信息包括学校、时间段、专业、学历、主修课程等，但是学习了一门课程并不代表你的学习成效及程度，建议增设专业技能等内容。

专业技能是指在你的专业领域所具备的能力，是个人简历中非常重要的一项。你的专业技能写得是否到位，往往决定了用人单位是否给你发面试邀请。在填写专业技能时，你需要把自己精通的、掌握的、了解的知识都写上，这样会增加你面试成功的机会。具体内容要简明扼要、实事求是，要对这些技能进行分类，分别填写在简历上。

4. 工作（实习、项目实践）经历

工作经验是毕业生的简历上最为重要的内容，也会成为简历的加分项。如果你有与目标岗位相关的工作经验，应填写到简历中。原因在于应聘者在过去的工作经历中得到了锻炼、积累了经验并获得了技能。建议采取关键语段描述的形式，并标注出核心点：工作内容、工作方法（或者是自己扮演的角色）以及工作成果（或者是个人收获）。

5. 其他个人信息

该部分要结合自身的经历来撰写，包含个人获奖情况、评价、爱好、特长等内容。获奖信息需要标注出该奖项的获得时间、奖项级别等。在写个人评价时，一定要看清楚你所应聘职位的具体要求，有针对性地写出你的优势。例如，有关个人爱好的内容应简洁明了，且个人爱好应与目标岗位具有较强的相关性。例如，你可以将长跑、球类运动的爱好写上，因为它可以反映出你具有较强的意志力、具备团队合作的精神等。但是，只知道简历包括哪些内容还不够，还需要知道通过什么样的形式，把内容组织起来。

小贴士

个人简历的注意问题

1. 简历与求职信不同，简历是叙述求职者的客观情况，而求职信则是主要反映求职者的个人情况和求职意向。从某种意义上说，求职信是对个人简历的必要说明与补充。

2. 简历是一份材料，重在证明个人的身份信息、学习经历、生活经历、学习成绩、工作经验等，其目的是用来让用人单位全面了解自己，用以证明自己适合担当所求职位的工作。

3. 求职简历不同于工作简历。一般的工作简历只是个人的一份历史记录，仅仅反映自己曾经做过什么。而求职简历不仅要反映自己能做什么，做过什么，还要反映做得如何，具备了哪些素质和能力，从而给用人单位一个醒目的印象。

二、简历的三大类型

在了解简历构成的基本要素后，接下来就要选择适合自己的简历类型来承载这些信息。常用的简历类型有3种。

1. 时序型

时序型简历是最普通也是最直接的个人简历类型，采用这种简历类型需要从最近的经历开始，倒叙信息内容。这类简历的优点是清晰、简洁、便于阅读。时序型简历的关

键在于时间、工作持续期、成长、进步及成就。

如果你经验丰富，工作经历能很好地反映相关工作技能的不断提高，采用时序型个人简历是个非常不错的选择。

2. 功能型

功能型简历强调你的资历和能力，并能对你的专长和优势进行一定的分析和说明。工作技能与专长是功能型简历的核心内容。一份功能型的个人简历一般包括求职意向、业绩、能力、工作经历、教育经历等。功能型简历淡化了时间顺序，不把成绩与相关的公司进行关联，这些特点使一般的功能型简历不受时间顺序的约束，易转移重点。

如果你在短期内从事过很多工作；你的就业记录空白；你有其他不宜使用的时序型简历等，采用功能型简历是一个不错的选择。

3. 复合型

复合型简历是结合了时间型和功能型两种类型的简历类型。采用这种类型，你可以在按时间顺序列举个人信息的同时，重点突出你的业绩与优势。复合型简历一般包括求职意向、概况、业绩、经历、教育背景等部分。它适用于应届毕业生或计划转行的人，或既想突出成就与能力，又想突出个人经历的人。

这种复合型简历很受用人单位的欢迎，原因在于它既强化了时序型简历的功能，又避免了使用功能型简历而引起的疑惑。对于有实训或实习经验的学生来说，混合型简历有着很好的适用性。

三、简历加分的诀窍

招聘会结束后，一位求职者走到了张长弓面前，说："前辈您好，在我大一时，您受邀来学校举办讲座时我就很崇拜您了。我在校企合作班学习了3年，目前是众多求职者中的一员。我有一个问题想向您请教，请问您方便吗？"

张长弓望着他，不禁想起了当年的自己，便说："方便，请讲。"

求职者："我也参加了一些海投。我想向您请教一下撰写简历的诀窍，以提升自己面试的成功率。"

张长弓："首先，你的简历版面……"

猜猜看，张工会向该求职者说些什么呢？

通过前面两节内容，我们已经了解了简历制作的一般规则。如何提升自己面试成功率呢？下面就让我们一起看看让简历"亮眼且实用"的秘诀吧！

（一）内容设定围绕求职意向

一份简历中最重要的当然是内容，所以我们先来了解简历的内容。在动手写简历之前，我们不妨先回顾一下自己的大学学习和生活。有些同学认为可写的内容太多，有些同学认为实在无话可说。不管什么情况，当面临实习就业时，要提交简历。如何用有限的篇幅写出最精彩的求职内容呢？

可以通过事前做"功课"的方式，找到合适的素材，丰富你的简历。具体来说，有以下4点。

1. 积极查阅资料

针对企业提供的招聘信息确定目标岗位后，我们要做的就是将企业关注的方面写清楚，要尽量陈述有利条件以争取面试机会。第一步要围绕目标岗位，梳理个人已了解、掌握的相关知识或技能，整理后放入专业技能部分。在相关求职网站，搜出 8 ～ 10 家企业同岗位的招聘信息，统计分析这几家企业该岗位要求的共同点。这种共同点就是我们要胜任该岗位所必须了解、掌握的知识或技能，需要在简历上呈现。以网络优化岗位为例，在经过调研统计后，网络优化序列岗位胜任能力见表 3-1。

表 3-1 网络优化序列岗位胜任能力

工序名称	要具备的知识	要具备的能力
室内网络分布	• 室内网络分布原理 • 室内网络硬件结构知识 • 室内网络软件调试、数据开通、互联等 • 室内干扰机制 • 室内切换、功控等要点 • 室内边缘网络覆盖解决办法 • 相关室内网络分布文档的规范	• 计算机基础应用能力 • 能熟练地阅读英文技术文档 • 团队精神和较强的协调能力 • 分析问题的能力 • 现场解决问题的能力 • 较强的上进心和责任心 • 组织规划能力 • 客户沟通能力 • 具有团结协作、耐心细致的职业素质 • 资料收集与整理的能力
室外网络优化	• 熟悉 3G/4G/5G 技术标准网络架构及特点 • 熟悉相关厂家无线接入设备软硬件架构 • 熟悉相关厂家无线接入设备软件调试方法 • 了解 IP、同步数字系列（SDH）原理等 • 掌握数据流程、信令分析等 • 了解网络优化文档规范	• 会使用相关无线测试仪表与工具 • 能熟练地阅读英文技术文档 • 团队精神和较强的协调能力 • 分析问题的能力 • 现场解决问题的能力 • 能承受较大的工作压力 • 较强的上进心和责任心 • 组织规划能力 • 客户沟通能力

2. 进入相关行业人脉圈

主动加入一些相关技术的交流群、社群，与业内人士多接触、多请教，增加实际工作的认知，会让我们在写简历时更有底气。以网络优化岗位为例，网络优化序列工作内容描述见表 3-2，网络优化序列工作流程与界面描述见表 3-3。

表 3-2 网络优化序列工作内容描述

工序名称	工作内容描述	工作成果
室内网络分布	• 室内网络相关数据采集 • 室内网络站点分布设计、方案编制 • 进行网络优化 • 做好工作总结及归档	• 工程勘察任务书 • 工程勘察计划 • 工程勘察报告 • 环境验收报告 • 合同问题反馈表 • 工程勘察报告评审表
室外网络优化	• 日常网络优化工作的实施 • 网络数据采集 • 测试分析 • 无线网络问题的分析、处理 • 针对网络指标的优化方案制定、实施 • 各种报告、方案的撰写 • 其他专项或专题优化方案制定 • 与客户相关人员沟通	• 工程准备反馈表 • 工程计划 • 工程服务危险识别登记表 • 涉及变更申请表 • 开工报告 • 停/复工报告 • 工程周报 • 工程现场例会表 • 现场工作联络单

表 3-3 网络优化序列工作流程与界面描述

工序名称	工作流程与界面描述	使用工具
室内网络分布	• 接到室内网络建设任务，准备相关工具 • 了解客户需求，针对客户需求进行现场数据采集 • 根据现场采集到的数据，进行数据分析，找出问题所在，制定优化整改方案，并对优化整改方案进行评估 • 室内网络建设、硬件安装、软件调试，室内网络数据测试、优化 • 总结优化过程，整理相关文档，提交相关优化数据	• 环形电流表、数字万用表、接地电阻仪 • 红外线测温仪、光/电功率计 • GPS定位仪、频谱分析仪、CIG路测分析仪、便携误码仪 • 数码相机、笔记本计算机 • 电烙铁、扳手、螺丝刀、钳子 • 应急灯、绝缘鞋
室外网络优化	• 接到用户优化工作计划 • 了解用户需求和相关工具的准备 • 前往现场进行网络勘察 • 将勘察数据反馈网络规划工程师，协助网络规划工程师，制定网络优化方案 • 根据网络优化方案，调整相关参数进行网络优化实施 • 优化效果检测 • 收集、整理、完善相关文档 • 提交优化任务完成报告，申请网络优化项目验收 • 定期进行网络日常维护	• 环形电流表、数字万用表、接地电阻仪 • 红外线测温仪、光/电功率计 • GPS定位仪、频谱分析仪、CIG路测分析仪、便携误码仪 • 天馈测试仪、光纤熔接机 • 数码相机、笔记本计算机 • 电烙铁、扳手、螺丝刀、钳子

这一步"功课"做得好，可以在我们写工作或实习经验时作用巨大。毕竟，一般公司的人事专员筛选简历的时候，是按照用人部门提交的要求进行筛选的，例如，要求掌握或曾经做过"勘测、计算机辅助设计制图、测试工具、报告输出等"，人事专员再结合一些其他方面的要求，把有这些关键词的简历挑出来，送到用人部门；如果是用人部门直接筛选简历，那么他们更关注你做过什么、会做什么。

综合以上两种情况，你在写具体的工作、实习、实践活动经历时，可以先回顾以往的有关经历，再结合业内人士的"点拨"，就会有足够的"料"来描述自己何时何地做过何种职业以及取得的成绩，在此基础上再运用数字、百分比、时间等量化数据，就使简历更具有可读性和吸引力。

总体来说，在简历中的专业技能和工作经验部分，用人单位并不关心你的全部能力，他们只关心企业在需要你的环节里，你是否能够有效地输出你的能力。对于应届毕业生而言，围绕求职意向的实习、实践经历是重点，因此需要对这部分内容进行提炼，用来证明你写的已掌握的专业技能和知识的真实度，从而凸显你和招聘岗位的匹配度。值得注意的是，如果你是已有些许工作经验的求职者，要尽量避免简历呈现"频繁跳槽"的经历，你可以采用项目制来表述，毕竟面试官会考虑员工的稳定性。

3. 梳理过往的教育经历

（1）写教育经历的技巧

● 按照时间倒序排列。

● 列出你所学的核心课程及与应聘岗位有关的专业课程，尤其是通过该门课程，你掌握了何种和岗位有关的技能，以及掌握的程度。例如，专业前十名。相对的数字永远比绝对的数字来得更有说服力。

● 奖励和证书可起到佐证的作用。

（2）写校内实践情况（学生会、社团等）的技巧

● 如果你曾担任过学生会部长、社团部长、班长等职务，或者有过组织策划校级以上大型活动的经历，可在简历中按时间倒序列出。

● 在职务头衔后，选择1～2个你做过的特别优秀的工作简述。

● 用前后对比法说明你的工作给团体或活动带来的变化，如果能用数字体现则更佳。

● 不要让你的学生会（社团）工作经历在简历上喧宾夺主，以至于让人觉得你在校期间无暇学习。

4. 简历的专一性

这里强调的是简历必须针对具体岗位进行撰写和调整，切忌所有岗位用同一份简历。针对不同的招聘岗位，需要适度调整简历呈现的内容。毕竟，岗位不同，所需的专业技能和职业素质也会有所变化。

（二）内容组织讲究条理

简历内容的呈现要简明扼要。在文字描述上，要逻辑清晰、重点突出、用词精准，对每项内容按数字或符号进行罗列。因此，请从上至下，以重点到次重点的方式撰写。

（三）简历呈现要美观

简历是你获得面试机会的敲门砖。据统计，近80%的求职者通常会在网上下载模板，再把自己的内容填写进去，有的甚至出现低级错误（例如，错字、时间顺序混乱、常识错误等）。那么，如何优化简历呢？

1.版面设计体现用心

简历的设计可以从字体、配色、图标和布局4个方面着手。

（1）字体

简历全篇不要超过3种字体和3种字号。这里推荐中文字体：微软雅黑、华文细黑、仿宋；推荐英文字体：Verdana、OpenSans；避免使用的字体：娃娃体、少女体、行书、草书、Arial、Times、Helvetica等。

（2）配色

在简历中，可能会用到配色的地方有文字、图标、背景、形状等。推荐配色：黑、蓝、灰、白4色。整份简历的颜色建议不超过3种，慎用红色，尤其在单位和人名上要禁用红色。如果想运用其他颜色作为配色，最好参考多份优秀简历的整体设计和配色方案。

（3）图标

图标的合理应用能让简历锦上添花，网上有关设计的素材库里可以下载各种图标，Word本身也自带许多图标。

（4）布局

在布局方面讲究亲密性原则、对齐原则、重复原则、对比原则。

亲密性原则是指将相关项组织在一起，即移动这些项，使它们的物理位置相互靠近，让相关项看上去为一个整体，而不是一堆彼此无关的片段。

对齐原则是指任何元素都不能在页面上随意堆放，每一项都应与页面上的某个内容存在某种视觉联系。

重复原则是指版面中的视觉要素要重复出现，可以重复颜色、字体、图形、形状、材质、空间关系等。使用重复原则既能增加画面的条理性，又可以加强统一性，让版面的层次感丰富、逻辑性更强，从而提高阅读效率和信息的传达率。有规律的重复可以产生节奏感和韵律美，增强观者的印象。

对比原则强调的是事物之间的差异性，在设计时要避免页面上的视觉元素太过相似，如果为了强调元素之间的不同，那么加大反差，确保对比明显、页面清晰是有必要的。

2.细节之处见真章

简历上若需要放个人照片，建议使用证件照，或者看上去充满朝气、大方得体的照片。在使用文字处理软件时，建议使用拼写检查项以有效减少低级错误。在完成简历制作后，建议请别人帮你查阅一遍，不仅要查看是否有低级错误，而且要关注这份简历是否充分展示了你的综合能力，以及是否能让人产生与你进一步交流的想法。

（四）简历存档投递用妙招

当今社会，电子简历越来越普及。在通过网络途径投递电子简历时，要在存档和投递上用心。

1. 简历存档要留心

用 Office 高版本制作的简历在保存时，最好保存为低级版本，防止有些用人企业电脑安装的系统在打开高版本时出现兼容性问题。这里有个既省心又保险的做法就是保存一份 PDF 格式的简历：规整、兼容、防篡改。需要强调的是，不要把简历及相关资料压缩成包，人事专员不一定有时间去解压你发的简历包。

2. 用邮件标题打动人事专员的心

人事专员打开邮件，首先映入眼帘的是邮件主题。因此，建议你把最具竞争力的优势提炼成几个关键词代替"求职"或"应聘"写入邮件主题。例如，你应聘的是网络优化工程师一职，要求有半年工作经验，而你已有实训、实习经验一年，那么你可以把邮件主题定为"一年网络优化实战经验 ××× 应聘网络优化岗"。

需要特别注意的是，你要将精心打造的"亮眼"电子简历直接附在邮件正文的同时采用附件方式发送给企业的人事专员。

这样做的好处：一是减轻人事专员的工作量，因为附件要先下载才能打开，比较费时费事；二是很多企业从安全的角度出发，对一些软件系统设置了过滤功能，会自动屏蔽外来邮件的附件。

3. 投递时机把握好

发送简历的时机也很重要，在一周内，一般周二、周三、周四投简历得到的回复比较快，因为周一和周五开会或外出事务较多。而在一天之内，一般在临上班前、中午临下班前、中午临上班前、下午临下班前4个时间投递简历是不错的时间点。这是由于一般人的工作习惯是在这4个时间点查看自己的邮箱有无最新信息，并且在这4个时间点发邮件至他人邮箱，按邮件的接收机制，后来的邮件总是显示在页面的最前面，那么你的简历被人力资源看到的概率就大大增加了！

・任务四・ **面试必备巧心思**

下班时，张长弓接到了表弟的电话，表弟向张长弓汇报了自己最近的求职动向及进度。

表弟： "表哥，谢谢你！我今天下午收到了心仪公司的面试通知，下周二上午去面试。我此刻很兴奋，但也很焦虑，所以想向表哥求助，以明确下一步该做什么。"

张长弓： "恭喜表弟！你已经叩开了 ×× 企业的大门，下一步就是努力通过初次面试了。晚上我带你去商场走一圈儿，我们边逛边聊吧。"

讨论环节：同学们，除了简历，你觉得面试前要做什么准备呢？

一、面试前的准备

（一）知己知彼

俗话说："知己知彼，百战不殆。"在接到面试通知后，你需要详细了解企业的相关情况：一方面，为了更好地应对面试中被问到的问题；另一方面，判断自身是否适合这家企业，提高求职成功率。可通过不同的网络途径了解面试企业的以下相关信息。

1.岗位职责

当同学们接到面试通知后，需要再次查看你所投递公司的该招聘岗位的工作职责和工作要求，目的是结合该岗位的工作内容和任职要求来判断该职位与你的经验、能力、兴趣等方面的契合度，并有针对性地对自己的薄弱方面进行加强或修饰。

例如，你面试某通信公司招聘的网络优化工程师岗位。首先，我们要先找出招聘信息，仔细阅读其岗位职责如下所示。

● 负责无线局域网（WLAN）的网络规划，输出 WLAN 的部署方案细化设计，提供设备清单。

● 负责跟踪 WLAN 产品的安装、调试，提供项目需求，并跟进项目。

● 独立完成无线网络测试，完成测试报告，提出解决方案并参与实施。

● 分析无线网络参数和配置，提出优化方案，并实施验证。

● 配合部门完成售前试点测试和售后项目交付工作。

明白了大致的工作内容后，再查看任职条件如下所示。

● 大学本科以上学历，通信工程类、计算机类专业或相关专业毕业。

● 在 WLAN 的网络规划和网络优化行业有半年及以上的工作经验。

● 熟练掌握 WLAN 产品的通信原理，熟悉 WLAN 的网络的规划和网络优化工作。

● 能够独立按要求完成 WLAN 的网络系统勘察、方案细化设计、输出解决方案。

● 能够独立完成 WLAN 的性能测试，能分析测试中发现的网络问题，并提供相应的解决方案。

最后，根据你查看的结果，预估面试中可能会问到的问题，或对自己的相关专业知识点进行查漏补缺。

2.薪酬待遇及培训、晋升制度

薪酬待遇是同学们关注的问题之一，也是面试官最常问到的问题。例如，你期望的薪酬是多少？如果你能提前了解企业提供给该岗位的薪酬范围，在面试中就可以直截了当地说出你能接受的薪酬，同时也在企业愿意提供的薪酬范围内。但对于应届毕业生，我们不建议你给出一个明确的数字，而是采用其他描述，例如，"作为应届毕业生，我更加重视的是在公司未来的发展，目前薪酬不是我考虑的首要因素，根据公司的薪酬体系即可"。

3. 了解企业背景

了解企业背景可以从以下几个方面入手。

首先，查看企业性质、规模、行业排名、历史沿革、公司组织架构、企业制度、公司文化、工作环境、诚信度、商业模式、核心产品、技术等。

其次，查询企业的位置，以便计算好出发时间，避免面试时迟到。

最后，职业导师所讲授的面试题背后的考察点，请大家结合各自的情况做好答案预设，这样在面试中遇到类似问题能表现出最好的自己。

（二）做好准备

1. 材料准备

面试需要再带上 2～3 份打印好的最近更新版的简历、身份证、2 寸照片、文凭和面试岗位要求的相关证书（例如，通信电子等专业竞赛证书、英语等级证书等），相应的复印件也要带上，这样既能满足招聘企业的需求，又能展现出你的优点——细心。但需要提醒同学们的是，所有证书原件一定不可以留在用人单位，原件仅供人事专员查阅。而身份证件的复印件若需提交，请在相应位置写上"此复印件仅供应聘 ×× 企业某某岗位所用，复印无效"字样及相应的时间。

2. 用品准备

企业面试中很可能需要填写资料或有笔试环节，同学需要带上 1～2 支签字笔，以备不时之需。另外，带上一本商务风格的记事本，用于记录信息或某些易混易忘、难懂的知识点。

3. 心态准备

面试前后有很多同学容易出现焦虑情绪，这是很正常的。解决办法很简单：在心里暗示自己，我已经做好了充分的准备，是该岗位最合适的人才。用一颗平常心对待面试，容易发挥自己最佳的一面。

4. 形象礼仪准备

面试时，着装方面： 男生最好穿西服，搭配硬领衬衫；女式套服的花样繁多，女生可以根据自己的个人喜好进行选择，但原则是应该和准上班族的身份相符。

在容貌方面： 男生要确保自己头发清爽利落、面部干净、无异味；女生在此基础上可以适当化淡妆。但无论男生还是女生，在面试时，建议都不要有大胆前卫、浓妆艳抹的装扮，尤其是男生戴戒指、留长发等标新立异的装扮，不适合面试这种严肃场合。

5. 面试模式准备

面试究竟包含哪些模式呢？其实，按照不同的划分标准，面试可被划分为不同的模式。在这里只讲按照应聘者人数划分的模式。

（1）一对一面试

一位面试官面试一位应聘者。话题容易深入，缺点是面试官容易因为自己的知识结构或价值观而引起误判。

（2）主试团面试

由 2～5 个面试官组成主试团，同时对每个应聘者进行面试。采取这种方式时，几个面试官之间需要从各自的角度相互配合。例如，技术面试官主要考察候选人的专业技术知识和过去的成绩，人事则注重其责任心、稳定性等。

（3）集体面试

将多个应试者分为一组，由数个面试考官轮流提问，着重考察应试者的个性和协调性的面试方式。此种面试方式一般使用在候选人较多的情况下，比较节省时间。

二、面试中的应对

同学们在面试时会遇到不同类型的面试官、形形色色的招聘方式和千变万化的面试问题。如何有效化解面试中的难题呢？我们只需把握"二三四"要诀即可。

"二"是指把握好身体两大部分的态势语。

态势语是我们的体态语言，有时也被称为"动作语言"，它包括面部表情和身体动作两个方面，是人际交往中一种传情达意的方式。有研究表明，在人的大脑中，87% 的信息是通过视觉获得的，只有 7% 的信息是通过听觉获得的。由此可见，适度把握、恰当运用体态语不仅可以增强我们面试语言的说服力、感染力，还可以展现我们的内心状况，流露个人的情绪。

1. 面部表情

首先，在面试中，同学们应留意自己与面试官的眼神交流，在保持温和、坚定及自信的同时，可展现出亲和力、待人和善有礼等信息。目光在主考官或发问考官身上停留的时间要相对长一些。面试官在提问时，一定要注视面试官，配以点头或其他动作，表示你正在专心致志地倾听，此时不宜左顾右盼。

其次，眉毛动作也会产生显著的表情变化，在面试中要注意眉毛起伏不能过大。还要控制一些习惯，例如，眉头不停抖动、单眉挑起等动作。

最后，应该保持微笑。

2. 身体动作

身体动作的基本要求是"站有站相，坐有坐相"，基本原则是大方、得体、不拘谨。具体来说，面试中最重要的两个动作是站和坐。在前面的课程中，我们已经学习过相关内容，这里不再赘述。

"三"是指牢记求职面试的三大法则。

如果你在面试中想要平稳发挥，请遵循以下三大法则。

1. 黄金法则

一场面试下来，80% 的时间是由求职者来讲，面试官说话的时间仅占 20%。根据这个法则，我们可以将面试前准备的内容进行有效组织，避免出现一个问题两个字就答完的情况，且面试过程中要注意倾听。

2. 白金法则

尝试着控制面试的节奏和话题。一场面试时间为 15 ～ 45 分钟，我们可通过恰当的引导让面试官问某个特定的问题来充分展示自己的优势。

3. 钻石法则

将没有把握的问题抛给面试官，根据对方的反应再继续作答。

"四"是指学会应对 4 种类型的面试题。

1. 基本情况类面试题

基本情况类面试题是关于候选人背景情况的一些基本问题。我们重点讲解此类型中几个最常见的面试题。

（1）请你做自我介绍

这个问题被称为面试第一问。在回答技巧上：首先，要合理地安排自我介绍的时间，最好能控制在 1 ～ 2 分钟；其次，言辞内容要重点突出；最后，要尽量让声调听起来流畅自然、充满自信，切勿采用"背诵"式的口吻。在实际的面试中，一般用 20 多秒介绍自己的姓名、学校、专业，然后直接说出自己的优势或强项，在最短时间内赢得面试官的兴趣和好感。

小模板

1. 基本背景：你是谁？你懂哪些专业知识？

2. 亮点经历：你做过什么？你做出过什么成绩？

3. 表达意愿：你未来想做什么？围绕求职意向，表达优势和诚意。

无效自我介绍：把简历内容重复念一遍，留下表达能力欠缺、抓不住重点的坏印象。

有效自我介绍：提供简历之外的增量信息，可以有效证明你的能力。

例如，面试官您好，我叫小桃，本科毕业于××学校，新闻传播专业。5 年工作经验，上一份工作在 ×× 化妆品电商公司做新媒体运营，对客户的购买心理、产品卖点非常熟悉，在公众号、视频号、小红书、社群等用户运营有优秀的执行经验。目前最好的是一场线上传播活动，曝光 310 万，点赞 2 万多，参与人数 1526 人。我来之前了解过贵公司的岗位，跟我的发展规划非常符合，期待能加入贵公司！

（2）你最大的优点是什么

面试官问这个问题的关注点有 3 个：一是考察你对自我的认知能力；二是判断你与岗位要求是否匹配；三是看你是否有改善缺点的方法和措施。所以讲解个人优点时，需要拿出事实、数据来佐证你的优点。避免优点讲得过于宽泛，没有抓住重点，一定要匹配岗位去描述，例如求职营销，优点可以是抗压能力和目标感强；求职财务可以是数据分析准确、细致认真；避免缺点数量大过优点数量，变成自我检讨；回答过程语气要沉着、中肯，不要言过其实。

小模板

我的优点

① 做事有规划：我做事很有计划性，比较喜欢在做事情之前就列好清单，做好规划，合理安排时间。例如安排我做某个任务，我会把将要做的事情按照轻重缓急进行排序，一件一件地完成而且我会提前做好准备，避免做事情的时候手忙脚乱。

② 做事全力以赴：我做事全力以赴，一旦确定目标就会全身心投入，无论结果怎么样。例如我之前为了考某证书，每天去图书馆备考，最终取得了不错的成绩。

③ 表达能力强：我有良好的表达能力，比较喜欢和别人打交道，在大学期间我就很喜欢参加演讲、辩论赛这样的活动，也拿到了不错的名次。

④ 学习适应能力强：我的学习适应能力比较强，每次进入一个新环境或是需要学习新技能，我都能快速适应学习，通过制定相应目标搜索相关资料、着手实践，例如上次项目需要××方面的技能，我花了一周时间进行学习，没有耽误项目进度。

（3）你最大的缺点是什么

在谈论自己的缺点时，不可自作聪明地回答"我最大的缺点就是没有缺点"，或者把那些明显的优点说成缺点，例如，"我最大的缺点就是过于追求完美""我最大的缺点是对自己和他人的要求过高"等，这些说法也显得不真诚。

小模板

我的缺点

① 性子急躁：我性格有些急躁，有了明确的目标后总是很着急地去完成它，会有些焦虑、内耗。目前我已经在学习如何调整心态，将目标分解为小目标再一步一步完成任务。

② 说话直接：我有时候说话比较直，会忽略别人的感受，同事也向我反馈过这个情况。我现在已经学会了换位思考，与他人沟通时会更加注意表达方式。

③ 不太自信：我性格有些内向，不太自信。有时候说话没有什么逻辑但是通过对表达能力的练习，我现在可以清晰、有逻辑地进行表达，也自信了许多。

④ 学历不高：上学时期以为学历不重要，现在工作了，才意识到学历的重要性。

所以我通过学习×××技能，不断学习和实践，增强了自己的专业知识和能力。

⑤ 经验不足：面试前，我已经与人事专员进行了一些交流，在×××方面确实有待提升，我查阅了相关资料，目前也打算进行×××方面的学习，以便更好地上手工作。

（4）你为什么选择这个专业（应聘这个职位）

面试官问你为什么报读××专业，或为什么选择××职位，往往不是为了判断你是否热爱该行业，而是通过你对自身经历、性格、兴趣的描述，一方面看你是否适合这个岗位或专业；另一方面是想知道，你有没有提前做一些针对求职岗位及所报读专业的准备。

小模板

为何应聘这个职位

尽管通信专业是热门专业，就业竞争激烈，但我仍然坚信自己在通信行业会大有前途，原因如下：一方面有来自贵公司的感召，贵公司在"企业走进校园"活动中大力宣传了通信行业的发展前途，还给出了很多具体的数据；另一方面，源于我这几年的学习和生活。我记得前段时间还看到一篇行业分析报告，说"通信产业得益于通信技术的突飞猛进，逐渐成为全球发展速度最快的产业之一，目前通信行业年增长率在30%左右"。加之，我国有"网络强国"等宏观政策做支撑，我认为作为一名准通信人不但就业有保证，而且发展前景也十分广阔。

2. 假设性问题

假设性问题往往是面试官根据招聘岗位的具体情况，给出的一个介于案例分析和专业能力考察之间的题目。该类问题一般没有固定的答案。在回答这一问题前，要给自己一分钟的思考时间，简单地组织并整合你的回答，切忌急于求成而不假思索地给出肯定或否定的回答。

（1）你介意出差吗

说者无意听者有心，面对这些职场中常见的问题，相信不同的人会有不同的见解。一位求职者给出了这样的答案可以参考："我认为出差是我工作职责的一部分，我会接受公司的安排。公司如果选择派我出差，一定是信任我的工作能力，并且也希望我能够开阔自己的视野，在未来可以更好、更专业地完成工作。作为一名新职场人，我很清楚，很多东西都是需要慢慢去学习，而出差正好是一个学习并锻炼自己能力的机会。"

（2）假设你入职后，同事总是把工作交给你，你该怎么办？

应对这类问题最好办法就是冷静地整理好思路并尽量从容地给出有针对性的回答和具体的结果。例如：如果是因为刚入职，不了解自己的分工，同事给的任务本就是自己的职责之内的工作内容，要向同事表示感谢。一方面完成自己的本职工作，另一方面通过向同事请教或者翻阅相关制度的方式，了解自己的工作职责。如果是同事不了解个人的职责，误把工作交给我，我会向同事说明情况，并且反思自己平时没有及时与同事沟通的问题。如果是同事为了锻炼我，交给我一些基础性的工作。这种情况我会保持积极的心态，向其表示感谢，这正是我提高能力的最佳时机，也是最直接的方法。

3. 过去行为描述性问题

针对求职者，面试官会更多地关注其过去实际发生的行为，了解应试者是否遇到过与所要应聘的工作可能会遇到的类似情景，以及当时是如何处理的，通过深挖应聘者在过去的特定情景中实际发生的行为反应来考察其胜任工作的能力。

由于应聘者的求职材料上写的大多数是自己的业绩，比较简单和宽泛。人事专员在面试时需要了解应聘者实现这些业绩使用的方法、采取的手段，从而全面了解应聘者的知识、经验、技能的掌握程度、工作风格、性格特点等。这里重点介绍回答行为性问题的通用模型——STAR 模型，如图 3-9 所示。

图 3-9　STAR 模型示意

S（背景）：是在什么情景、情形之下？

T（任务）：当时的任务、目标及职责是什么？

A（行动）：当时采取了什么行动，做了哪些事情？

R（结果）：做完这件事情的结果是什么？

如果面试官问："你有过领导团队或参与团队生活的经历吗？"你会如何作答？

不同的人会对团队生活有不同的见解，但是在本题中我们要知道考官具体想了解什么。如果你要讲的经历是在团队生活中扮演"参与者"的角色，那么就要把你参与活动的积极性与主动性表达出来；如果你讲的经历是在团队生活中担任"领导者"的角色，那么就要把你的领导能力表达出来。以下是用 STAR 模型对这一问题的分析。

S（背景）：我在大学期间参与过多次团队活动。印象最深刻的一次是参加学院 ICT 协会举办的"一站到底"评选筹备活动，我和另外两名队友负责前期宣传的工作。

T（任务）：我们协会想把"家乡美"评选活动办成学院每年的保留活动，要求学院大一、大二学生的参与度达到 90%。

A（行动）：另外两名队友建议采用张贴海报的方式进行宣传，但我认为除了张贴海报，还可以利用校园广播、微信朋友圈进行宣传，并在同学们课间、吃饭等人群比较集中的时间段，在人流量较大的地点采取悬挂签名横幅、树立宣传展架、设立咨询台、发放宣传单页等措施来调动全校同学的参与热情。

R（结果）：由于宣传到位，活动得到了很多老师和同学的响应，共有 20 支队伍参加本次的评选活动，并且由于整个活动过程组织配合得当，形成了良好的口碑效应，甚至有老师和同学在我们的校园网上留言，希望每年都开展这个活动。这次活动不仅让我有巨大的成就感，还让我从中积累了很多经验。

三、面试收尾工作

一项在线调查显示：超过 97% 的面试官在面试的最后时刻，都会用"你还有什么问题吗？"这一提问进行收尾。面试官暗中考量的是求职者的关注点和兴趣点是否在于这份工作本身，对于公司的企业文化等是否认同。面试结束前的最后一问若能回答得漂亮，可大大提高你的面试成功率。

在回答这一问题的同时需要注意以下几点。

● 如果公司情况、岗位情况等比较普通的问题面试官已在面试过程中做过说明，那么面试结束时，就不宜重复提这类问题。

● 可以询问培训安排等，以表现自己的学习能力与求职意愿。

● 当面试官表达出再见的意思，此时你可以微笑、起立、道谢及再见，并将座椅归还原处，带走桌面上的杂物。

面试收尾的最后一件事是在回到宿舍时，将今天面试官问及的技术和非技术问题记录下来，通过回顾、请教、资料查找等方式重新解答一番。几次下来，你就会具备出色的面试技巧！

思考练习

ICT 相关专业的学生在回答面试问题时，该注意哪些事项呢？

拓展训练

模拟面试

根据学生的实际情况，可采取一对一、一对多等多种形式模拟面试，还原面试现场，让学生提前感知面试流程及面试中需要注意的事项，提升未来面试的成功率。

在本章中，我们通过审阅一份普通简历了解简历的基本构成要素，随后了解几种常

见的简历类型，这两个部分的内容可以让你做出一份简历。但要使简历出彩，除了要对自己准确定位外，还要掌握文中提到的相关"亮眼"技巧。只有在方方面面都下足了功夫，才能真正缩短求职之路。求职过程中最重要的阶段就是面试，面试中你的表现决定了求职的成败。通过本章的学习，我们了解到只有做好充分的准备，对特定的问题进行有针对性、有技巧性的回答，再配以恰当的态势语，才能避免绝大多数的面试错误，给面试官留下踏实、稳重、值得信赖、合格的印象。

项目四
保障就业权益

项目背景

转眼又到毕业季，应届毕业生小罗开始求职之路。虽然小罗的逻辑思维能力没有那么强，学习通信专业知识相对比较吃力，但是她的文案撰写能力不错，在学校社团也有文案撰写的经验。因此，小罗挑选了几家通信企业的文职岗位（例如，项目助理、技术助理、行政助理）进行面试。

小罗面试第一家通信科技企业的岗位是项目助理，面试官没有提到很多专业问题，一直在给小罗详细地介绍企业的情况，还了解了小罗很多个人情况，认为小罗很适合这个岗位，当场就录用了她，并让小罗明天就到公司报到。小罗感觉整个面试过程太仓促、太简单了，所以就委婉地跟面试官留了联系方式，约定明天再答复。

小罗面试第二家企业的岗位是行政助理，这个面试官了解了小罗的校园经历和个人兴趣。因为企业比较缺人，就询问了小罗什么时候能到岗，嘱咐她到岗时带上学校的就业协议，等拿到毕业证后再签订正式的劳动合同。小罗当时很困惑：什么是就业协议？与劳动合同有什么不一样呢？

你在就业时遇到过这些问题吗？让我们一起来学习本章的内容，了解与就业的相关信息，保障自身的就业权益，帮助职场新人解决问题。

项目目标

① 了解就业的常见陷阱。　　② 了解劳动合同的必备条款。

③ 掌握劳动合同争议的处理方法。

知识图谱

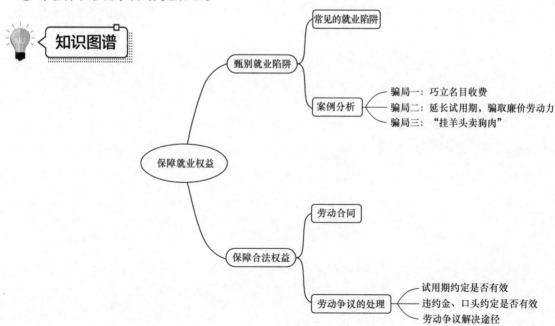

头脑风暴

1.活动目标

（1）通过活动让学生熟悉整个就业流程。

（2）通过活动让学生注意到就业流程中需要留意的一些特殊环节，保障自身的权益，避免掉进就业陷阱。

2.活动介绍及规则

请各小组的同学展开讨论并列举就业的流程以及其中需要特别注意的问题，并将所有能联想到的职业都记录在便笺纸上，15分钟后，各小组将便签按类型贴在就业流程思维导图上。

3.活动道具

（1）每个小组有不同颜色的便笺纸，可以用马克笔写一个名词。

（2）每个小组有马克笔若干，以及一张事先印刷好的就业流程思维导图，如图4-1所示。

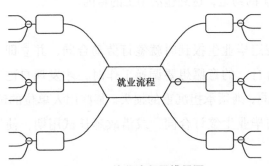

图4-1　就业流程思维导图

你从这个活动中得到了什么启发？

· 任务一 ·　甄别就业陷阱

一家工程企业电话告知小罗通过了面试，职位是技术助理，但因为小罗的技术能力比较弱，所以公司会进行统一培训，需要交500元的培训保证金，培训结束后就会退还。小罗感到很疑惑：为什么入职还要交钱呢？

一、常见的就业陷阱

大学生在求职过程中被骗的情况时有发生，在求职时受到欺骗的大学生，要么是白费了力气，要么是损失了金钱，严重的还会丧失自由甚至身体受到伤害。能否有效地帮助大学生识别就业陷阱、避开陷阱至关重要。下面，我们来看看几种常见的就业陷阱。

1. 招聘陷阱

有些招聘会没有经过相关部门审批，打着招聘的旗号，实际是为了非法获取毕业生信息，留作不法之用；有的单位招聘时变相收费，以材料费、培训费、保证金等名义收取应聘者费用。国家有关法律规定，严禁招聘单位在毕业生就业时收取费用。

2. 中介陷阱

有些中介机构相互串通，以大城市高薪就业、落户等名义给毕业生介绍工作，收取不菲的中介费后再将其介绍给外地中介，外地中介找不法用人单位让毕业生打零工，而毕业生的户口、档案被长期违法滞留。

3. 协议陷阱

有些用人单位在招聘时常以口头形式承诺，但内容没有在劳动合同上体现出来，使之没有法律约束力。有的以就业协议代替劳动合同，在就业协议中出现不符合《中华人民共和国劳动合同法》的约定，达到违法用工的目的。

4. 试用期陷阱

某些用人单位规定毕业生报到时就签订劳动合同，并立即上岗工作。当毕业生感到用人单位不符合自己的意愿想要调换工作时，才发现自己"无意"中放弃了试用期。如果要解除合同，则须承担沉重的损失。某些用人单位的试用期或见习期过长，以在试用期为由不与毕业生签订合同，或借故延长试用期，使毕业生就业后的应得收益减少。

5. 培训陷阱

在毕业生就业中，经常有一些培训机构以"高薪就业"或者"保证就业"为由对毕业生进行培训，收取了培训费却不安排工作；有些培训机构与用人单位联手欺骗毕业生，毕业生交了昂贵的培训费后，被推荐到一些地理位置偏远、单位效益不好的岗位，甚至在试用期就被借故辞退；还有些用人单位要求毕业生必须在某种机构培训，并且考核合格才能录用，不少毕业生付出了高额的培训费但考核过关者极少。

6. 安全陷阱

毕业生稍有不慎就会落入安全陷阱，例如，被索要各种证件、签名、盖章文件，这些在招聘中留下的重要证件有可能使毕业生成为欠费、欠税、担保人等各种形式的债务人或成为敲诈勒索的对象。

小贴士

- 对网络招聘信息或通过其他途径获取的招聘信息要加以甄别。

● 在应聘前应当弄清楚招聘单位的实际情况，摸清应聘单位的发展前景。

● 谨慎对待要求缴纳各种费用的招聘，尽可能通过正规职业介绍机构找工作。

● 签订就业协议或劳动合同时，要记得注明双方谈妥的条件，即使产生纠纷也不会空口无凭。

二、案例分析

大学生为了保障自身的权益、实现就业，应当多了解有关招聘陷阱的信息，学会在求职的过程中规避就业陷阱。

（一）骗局一：巧立名目收费

小故事

小王在某招聘网站上看到了一家广告公司的招聘信息，便投递了简历。不久后，他收到了面试邀请，前往该公司进行面试。在面试过程中，小王被要求缴纳"剧组保密费""伙食费""住宿费"等费用数千元，并且被要求签订聘用合同，才能获得工作。小王在签订合同并缴纳了这些费用后，并未被安排工作。当他提出离职并要求公司退款时，公司以各种理由不予退款，进行语言甚至暴力威胁。

这个案例中，该广告公司巧立名目收费，以获取小王的钱财。这种行为违反了劳动法规和职业道德，也严重损害了求职者的合法权益。毕业生求职时需要高度警惕，因为这些公司往往会在收到钱后找各种理由将应聘者"辞退"或干脆消失得无影无踪。国家的有关法律规定，凡是应聘时招聘单位用各种名义变相收钱的行为，都是非法的，很可能是骗局，求职者可向劳动监察部门举报。如果因为一时大意而掉入骗局，一定要及时报警，以免有更多的人被骗。

（二）骗局二：延长试用期，骗取廉价劳动力

小故事

毕业生小李入职了一家公司并签订了试用期为 3 个月的合同。在试用期内，小李表现良好，但公司却以需要进一步考察为由，将试用期延长至 6 个月。小李很疑惑，因为他在试用期内已经表现得非常出色，但公司却以各种理由拒绝转正。他向公司提出了疑问，但公司却以各种借口搪塞，甚至威胁要解除劳动合同。小李感到很困

惑和无助，他不知道该如何维护自己的权益。最终，他选择离开公司，重新寻找工作机会。

《中华人民共和国劳动合同法》中有明确规定："劳动合同期限三个月以上不满一年的，试用期不得超过一个月；劳动合同期限一年以上不满三年的，试用期不得超过两个月；三年以上固定期限和无固定期限的劳动合同，试用期不得超过六个月。"试用期是包含在劳动合同期限内的。招聘单位先与应聘者签订就业合同后，才能依据法规制定一定期限的试用期。因此，求职者一定要先与就业单位签订合同再去工作。在进入公司之前，要通过各种渠道尽可能多地了解公司信息，如果真的遇到上述情况，一定要通过法律手段维护自己的权益。

（三）骗局三："挂羊头卖狗肉"

🔍 小故事

小浩参加了学校举办的招聘会，在一家通信工程公司面试了技术助理的岗位。顺利通过面试后，小浩进入该公司成为一名实习生，并参加了入职培训。两周的培训结束后，小浩发现自己的工作是业务销售，并非之前面试的技术助理岗位。小浩觉得公司的人事专员欺骗了他，可是人事专员告诉他，技术助理都是从业务销售做起的。

很多企业为了招聘的效果，会对岗位进行"美化"，把推销员说成市场经理，把业务员说成业务总监，用虚假的薪酬和岗位欺骗求职者。而这些公司开出的高薪所需的业绩往往是求职者不可能达成的，求职者最后只能拿到很少的钱。这类招聘信息一般比较简单，岗位职责、应聘条件等信息都会被模糊处理。因此求职者要弄清应聘职位的具体内容和工作细节，认真考虑后再做决定。

政府应重视毕业生的就业问题，保障毕业生的就业权益。同时，毕业生也要提高警惕，做好充分的准备，避免上当受骗。

·任务二· 保障合法权益

小罗顺利通过张长弓所在企业的面试，今天，企业的人事专员约了小罗过来签订正式的劳动合同。可是，小罗想起来，之前已经签过一份就业协议书了，那就业协议书不是劳动合同吗?

一、劳动合同

劳动合同是大学生和用人单位之间确定劳动关系,明确双方权利和义务的书面协议,也是保障和实现大学生群体劳动权利的有效法律形式。劳动合同的必备条款有9项,如图4-2所示。

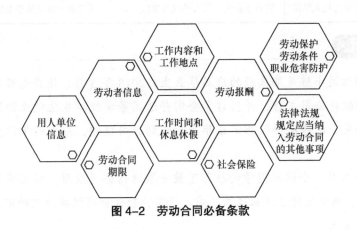

图4-2 劳动合同必备条款

说说看

大学生就业协议书与劳动合同有什么不同?

就业协议不等于劳动合同。就业协议也称三方协议,是大学毕业生在即将毕业时,由学校签发的,大学生自身与用人单位、学校三方经过协商签订的劳动协议,是编制毕业生就业计划和进行毕业派遣的依据,是学校存档就业数据的一个重要凭证。

在就业协议中,作为一方当事人,学校的责任在于向用人单位如实地提供毕业生情况,并进行档案和户籍的相关转移手续,在协议中起签证和辅助的作用,并不是劳动关系的主体,不具有劳动权利,也不承担劳动义务。在劳动合同中,主体只有两方,即劳动者和用人单位,他们才是劳动权利的享有者和义务的承担者。

简单地说,就业协议是由学校签发的,个人、学校与用人单位之间的一种法律协议。它既是用人单位确定大学生信息真实性的有效方式,也是学校记录大学生就业情况和统计就业数据的重要形式,同时在一定程度上保障了大学生自身就业的相关权利。而劳动合同则是用人单位与大学生之间的一种法律约束和保障,涉及劳动保护、工作内容、劳动纪律、劳动报酬、医疗保障等一系列法律相关的问题。实习协议、就业协议及劳动合同的区别见表4-1。

表 4-1　实习协议、就业协议及劳动合同的区别

	实习协议	就业协议	劳动合同
身份不同	实习学生	学生	劳动者（毕业后）
时间不同	实习期	毕业前	毕业后
法律不同	民事法律	民事法律	《中华人民共和国劳动法》
主体不同	实习生与用人单位	应届毕业生、用人单位与学校三方	劳动者（含应届毕业生）与用人单位

小故事

　　来自湖北的小陈是某高校的应届毕业生。2018 年 3 月，他在老师的推荐下到一家广州的软件公司工作，并签订了全国普通高等学校毕业生就业协议书。协议中约定，如果小陈违反协议约定或毕业后未到公司报到，应当向单位支付违约金 5000 元。

　　2018 年 5 月，小陈在同学的推荐下被一家通信公司录用，福利待遇比之前的软件公司好，他就选择了这家通信公司。于是，软件公司根据协议约定要求小陈支付违约金 5000 元。

　　请你分别对软件公司和小陈的做法做出评价。

敲黑板

　　就业协议要如何解除？

　　就业协议的解除分为单方解除和双方解除。

　　单方解除包括单方擅自解除和单方依法或依协议解除。单方擅自解除协议属于违约行为，解约方应对另一方承担违约责任。单方依法或依协议解除是指一方解除就业协议有法律上或协议上的依据，如果学生未取得毕业资格，用人单位有权单方解除就业协议；毕业生录取研究生后，可解除就业协议；或依照协议规定，毕业生未通过用人单位所在地组织的公务员考试，用人单位有权解除协议，此类单方解除，解除方无须对另一方承担法律责任。

　　双方解除是指毕业生和用人单位双方经协商一致，废除原订立的协议，使协议不产生法律效力。此类解除因为是双方当事人的真实意愿表示一致的体现，双方均不承担法律责任，双方解除应在就业计划上报主管部门之前进行，例如就业派遣计划下达后双方解除，还须经主管部门批准办理调整改派。

说说看

什么是劳务派遣

小诚与一家信息科技公司签订了劳动合同，负责 ×× 运营商的网络优化与维护，工作地点是 ×× 运营商的办公大厦。小诚属于信息科技公司的员工还是 ×× 运营商的员工呢？

劳务派遣是员工与 A 公司签订劳动合同，然后被 A 公司派到 B 公司工作，且 B 公司与 A 公司可能是完全不一样的其他公司。劳务派遣相当于劳务外包，"出租"员工的劳动力，员工还是"自己的人"，只是暂时"借给别人"。

二、劳动争议的处理

新员工在紧张的求职后换来了一份"沉甸甸"的合同，签字时才发现，劳动合同中的内容可真不少。那么，对新员工来说，在签署劳动合同时，有哪些需要注意的事项？

（一）试用期约定是否有效

案例讨论

刚刚大学毕业的小王到某通信公司参加应聘，经过几轮面试，最终被录用。签订劳动合同前，公司的人事专员告知小王，公司在与新员工建立劳动关系时，一般会先签订一份试用期合同，期限为 3 个月，试用期的工资为 3000 元。待 3 个月的试用期满后，如果员工能够为公司带来新的订单，那么公司会与小王签订正式的劳动合同，正式合同期的工资为 4000 元；如果 3 个月的试用期满后，小王没有达到公司规定的业绩，那么公司将不再聘用小王。然而，小王刚工作两个月，公司发现小王的表现无法满足公司的要求，便以"试用期不符合录用条件为由"，与小王解除了合同。

你认为公司的做法是否合法？

用人单位以劳动者试用期不符合录用条件为由解除劳动合同的时间前提有两项：一是用人单位与劳动者约定了合法有效的试用期；二是劳动者正处于试用期。两者缺一不可。在以上的案例中，试用期是包含在劳动合同期限内的。招聘单位要与应聘者签订就业合同后，才能依据法律规定一定时限的试用期。公司并未与小王约定合法有效的试用期，因此不能以"不符合录用条件"为由解除劳动合同。

（二）违约金、口头约定是否有效

🔍 **小故事**

2022 年 8 月 15 日，小马与公司签订了 3 年期限的劳动合同。合同约定：公司同意聘用小马并为小马申请办理上海户口；双方经协商，小马同意为公司服务 3 年，自 2022 年 8 月 15 日至 2025 年 8 月 14 日；如果小马在服务期内提出辞职，应支付 5 万元违约金给公司。此外，公司在面试小马的过程中曾口头承诺，如果小马业绩好，可以在年底得到一个"超级大红包"。签订劳动合同及服务期协议后，公司为小马办理了留沪手续。小马工作非常努力，做出了不错的业绩。但到了 2022 年年底，公司却始终未提起年底红包的事情。于是，小马于 2023 年 3 月 5 日向公司提出辞职，并要求公司支付年底红包。公司书面答复不同意，并且以小马违约为由要求其支付违约金。

思考：1. 小马是否应该向公司支付违约金？
2. 公司是否应当向小马支付年底红包？

法律对用人单位和劳动者约定违约金的情形明确做出规定，仅限于两类："因合法出资培训而签订服务期协议"和"合法约定竞业限制协议（或条款）"的情形。除此之外，任何关于违约金的约定都会因"与法律的强制性规定相抵触"而无效。

因此，在上述案例中，公司为小马申请办理上海户口的行为并未达到可以与之约定违约金的法律要求，即使约定，也属无效。

很多用人单位在招聘新员工时，为了将其留住，都会在面谈时给出一些口头承诺，例如薪酬、社保、出国深造机会等。但往往正式签订劳动合同时，劳动者因种种原因，或迫于情面，或因法律意识的缺乏，或因过于相信单位的口头承诺，未将面谈时公司对自己的承诺在劳动合同中予以确认和体现。这样做的最终结果是，即使发生争议，劳动者也很难维护自己的合法权益。

因此，用人单位和劳动者在签订劳动合同时，应该就双方约定的各项内容在合同上予以明确表述。一旦发生相关争议，可以要求对方按照劳动合同的约定执行，从而保护双方的合法权益。

小贴士

- 了解工作内容和工作地点，防止日后用人单位不合理地调岗或变更工作地点。
- 了解工作时间和休息休假，确保自己在规定内及规定外的劳动均可获得相应报酬。
- 了解劳动报酬及社会保险，防止日后在劳动报酬、休假工资、经济补偿金基数计算等方面，陷入举证不力的情形。

● 了解劳动纪律，相关法律规定，劳动者严重违反用人单位的规章制度，用人单位可以解除劳动合同。

（三）劳动争议解决途径

当发生劳动争议后，当事人可以通过以下途径解决问题，劳动争议解决途径如图4-3所示。

图4-3　劳动争议解决途径

1. 协商程序

协商程序是指劳动者与用人单位就争议的问题直接进行协商，寻找解决纠纷的具体方案。与其他纠纷不同的是，劳动争议的当事人一方为单位，另一方为单位职工，因双方已经发生一定的劳动关系而使彼此相互了解。双方发生纠纷后最好先协商，可通过自愿达成协议来解决问题。但是，协商程序不是处理劳动争议的必经程序。双方可以协商，也可以不协商，完全出于自愿，任何人都不能强迫。

2. 调解程序

调解程序是指劳动纠纷的一方当事人就已经发生的劳动纠纷向劳动争议调解委员会申请调解的程序。《中华人民共和国劳动法》规定："在用人单位内，可以设立劳动争议调解委员会负责调解本单位的劳动争议。一般由具有法律知识、较高政策水平和实际工作能力，又了解本单位具体情况的单位代表、职工代表和工会代表组成，有利于解决纠纷。除因签订、履行集体劳动合同发生的争议外，均可由本企业劳动争议调解委员会调解。但是，与协商程序一样，调解程序也由当事人自愿选择，且调解协议也不具有强制执行力，如果一方反悔，同样可以向仲裁机构申请仲裁。"

3. 仲裁程序

仲裁程序是劳动纠纷的一方当事人将纠纷提交劳动争议仲裁委员会进行处理的程序。该程序既具有劳动争议调解灵活、快捷的特点，又具有强制执行的效力，是解决劳动纠纷的重要手段。劳动争议仲裁委员会是国家授权、依法独立处理劳动争议案件的专门机构。申请劳动仲裁是解决劳动争议的选择程序之一，也是提起诉讼的前置程序，即如果想提起诉讼打劳动官司，必须经过仲裁程序，不能直接向人民法院起诉。

4. 诉讼程序

《中华人民共和国劳动法》第八十三条规定："劳动争议当事人对仲裁裁决不服的，

可以自收到仲裁裁决书之日起十五日内向人民法院提起诉讼。一方当事人在法定期限内不起诉，又不履行仲裁裁决的，另一方当事人可以申请人民法院强制执行。"诉讼程序即我们平常所说的打官司。诉讼程序的启动是由不服劳动争议仲裁委员会裁决的一方当事人向人民法院提起的。诉讼程序具有较强的法律性、程序性，做出的判决也具有强制执行力。

大学生劳动合同关系到每位大学生的切身利益，劳动合同一旦签订，就具有法律层面的意义，就会成为维护自己权益最有效的法律依据。大学生因为对相关的法律法规所知甚少，需要增强其法律意识、全面提高综合素质，保障自身就业权益。

思考练习

1. 请收集更多关于就业陷阱的案例，进行小组分享。
2. 你认为哪些措施可以避免大学生落入就业陷阱？

拓展训练

请你站在企业的角度，按照劳动合同的必备内容，编制一份完整的劳动合同。

项目总结

1. 就业的常见陷阱：招聘陷阱、中介陷阱、协议陷阱、试用期陷阱、培训陷阱、安全陷阱。

2.《劳动合同》必备条款包括：用人单位信息；劳动者信息；劳动合同期限；工作内容和工作地点；工作时间和休息休假；劳动报酬；社会保险；劳动保护、劳动条件和职业危害防护；法律法规规定应当纳入劳动合同的其他事项。

3. 劳动争议的集中解决途径包括协商、调解、仲裁、诉讼。

项目五
职场不停歇

项目简介

项目背景

新人小罗经过层层筛选，终于顺利通过面试，成为某通信工程公司的技术助理，试用期为一个月。进入职场后，小罗对一切都感到陌生：陌生的环境，陌生的同事……但小罗还是对这份工作充满期待。

上班的第一周，小罗参加了公司的集体培训，学习公司的规章制度，了解公司的愿景文化，熟悉公司的工作流程，同时还认识了一批同期入职的同事。他们在培训中积极讨论，相互交流自己的观点，轻轻松松地度过了第一周。

第二周，小罗正式到所属的网络优化事业部报到，并且在上班时刚好在电梯里遇到了她的直属领导张长弓。但因为之前只是面试时见过一面，小罗对张长弓没有很深的印象，所以没有认出来，张长弓在电梯里也没有说话，因此两个人都没有打招呼。直到小罗到办公室报到，才知道刚刚遇到的是自己的领导，顿时觉得非常尴尬。不过这种情绪很快就因忙碌的工作而被抛诸脑后了。

作为技术助理，小罗需要对文档进行整理、打印和归档。当她拿着文件去双面打印时，发现自己不会用打印机。她看了一下周围的同事，发现大家都在忙着做自己的事情，小罗只好自己去摸索，来来回回试了很多遍，浪费了很多纸，半个小时后才把文件打印出来。接着，张长弓对小罗说需要整理某技术项目的投标书，因为时间紧急，必须今天完成。小罗马上开始收集资料，但因为第一次做不熟练，临近下班时才把资料分好类。其间，张长弓来催过两次，这让她感到非常紧张。到了晚上，小罗终于把工作任务完成了，看着漆黑的夜空，小罗想，这一天真漫长，但这只是工作的开始……

"职场新人如何做？"永远是职场新人最关心的问题。初入职场会遇到什么问题？怎么做才能获得领导的青睐？让我们一起学习本章内容，走进职场新世界。

项目目标

① 了解初入职场可能会遇到的问题及应对方法。　② 养成良好的工作习惯。
③ 摸清职场规则，避开职场雷区。

知识图谱

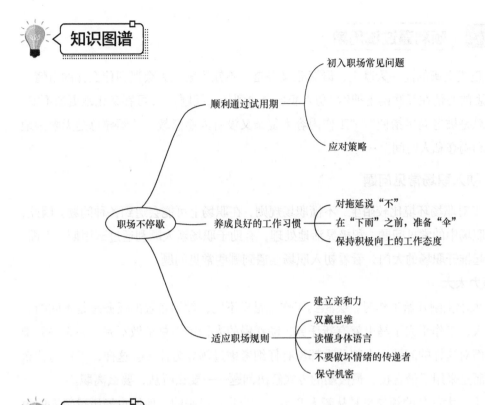

职场不停歇

- 顺利通过试用期
  - 初入职场常见问题
  - 应对策略
- 养成良好的工作习惯
  - 对拖延说"不"
  - 在"下雨"之前，准备"伞"
  - 保持积极向上的工作态度
- 适应职场规则
  - 建立亲和力
  - 双赢思维
  - 读懂身体语言
  - 不要做坏情绪的传递者
  - 保守机密

情景模拟

一、活动目标

1. 让学生模拟职场中的情景，更直观地了解职场规则。

2. 让学生明白在职场中并非只有一种角色，角色是可以变化的。

二、活动背景介绍

《睿智由心锁定》是一部励志微电影，讲述了一个叫 Linda 的应届毕业生在第一家任职企业不开心的经历，以及后面通过调整心态、提升能力，在第二家企业获得成功的故事。

三、活动规则

1. 根据《睿智由心锁定》励志微电影的内容，学生进行角色演绎。

2. 时间为 10 分钟。

四、总结

你从这个故事中得到了什么启发？

·任务一· 　**顺利通过试用期**

小罗正式上班的前一天晚上，既紧张又兴奋，不知道第二天会遇到什么样的事情。她带着忐忑的心情在互联网上搜索"初入职场会遇到什么问题？"，可答案让她更加不安，例如，"总是被老同事指使""工作内容太复杂又没有人愿意教""领导总是无限制地布置任务和剥夺私人时间"……

一、初入职场常见问题

新员工对职场环境比较陌生，不懂职场规则，在职场上可能会遇到各种问题。因此，提前了解职场中的常见问题，积极灵活地处理，有助于职场新人顺利通过试用期。下面，让我们一起推开职场的大门，看看初入职场会遇到哪些常见问题。

1. 压力太大

很多大学生刚开始工作时，会感到工作总是做不完，领导布置的任务总是不间断。动作快的人，工作干完了马上就有新任务；动作慢的人，工作总是做不完，一天一天堆积成山。面对这样的问题，大部分人都没有仔细考虑过领导为什么会这样，工作为什么会这样，而是采用了最直接、最极端的方式解决问题——要么听从，要么离职。

实际上，大部分的领导也是从新人开始，一步步走过来的，他们也经历过新人的角色。工作量怎么分配，需要花多长时间完成，他们的心里是有数的。领导心里唯一不清楚的就是每个新员工的承受底线在哪里。

所以，面对工作量大、连续加班、压力太大等情况，不要着急做出判断，也不要牺牲自己的身体健康和生活时间，更不要辞职。我们要做的是明确自己的工作承受底线，提高工作效率，并主动地与领导沟通。

2. 人际关系复杂

刚入职的大学生既缺乏工作经验，也缺乏生活阅历。如果刚进入一家公司就费尽心思地关注内部的人际关系，每天思考"应该如何站队""应该和哪个领导走得更近""哪些人最不受欢迎"，那么你可能会没办法集中精力把工作做好，更别说利用业余的时间学习了。

在职场中要尽量与人为善，要有一定的定力和钝感力。新员工还是"白纸"一张，应抓住一切机会和时间提升自己的专业能力，多向同事请教，尽快上手工作。

3. 骄傲与谦虚

🔍 **案例讨论**

张三的专业是通信工程，技术过硬，大学毕业后进入某家公司实习。一个月后，领导问了他几个问题，他表示都不会，还说自己刚入职，需要多学习。实习期结束后，张三并没有被公司录用。

王二是一名刚刚毕业的大学生，在面试中，通过自己的能力和才华，顺利地在一家大型公司找到了工作。然而，进入公司后，王二对同事的意见和建议不屑一顾，总认为自己是对的。王二不久就开始遇到问题，他的工作经常出现错误，且不愿意听取他人的建议。他的同事逐渐对他不满，而他的领导也开始关注这个问题。在一次绩效考核中，王二得到了一个低分，这意味着他可能会被解雇。

请你评价一下张三、王二的做法。

谦虚是一种美德，在职场中，要学会低调做人，高调做事。一个合格的职场新人应懂得谦虚做人，但谦虚在职场上需要有个度。如果在职场上过度谦虚的话，你可能会成为一个无关紧要的人，领导会发现不了你的能力，看不到你的存在，容易留下你很无能的印象，影响你的发展。如果你的能力不行，迟早会被解雇。只有把握好谦虚的度，才能够真正制胜于职场。

4. 工作态度

案例讨论

小萱大学毕业后，前往南方某市求职，经过一番努力，她和另外两人被同一家公司录用，试用期为一个月，试用期合格就会转正。

到了第二十九天的时候，公司按照这三人的工作能力，给她们评分。小萱虽然很努力，但仍然比另外两人低了两分，小萱没有被录用。

最后一天上班时，大家都劝小萱说："反正公司明天会发给你一个月的试用期工资，今天你就不必上班了。"小萱笑道："昨天的工作还没做完，我干完那点活，再走也不迟。"到了下午三点，小萱最后的工作做完了。又有人劝她提早下班，可她笑笑，不慌不忙地把自己的工位收拾整齐，并且和同事一起下班，她感觉自己很充实，站好了最后一班岗。其他员工见她这样做，都非常感动。第二天，小萱在办离职手续时，遇到了她的直属领导何经理。

何经理对她说："你不要走，从今天起，你到质量检验科上班。"小萱一听，感觉很不可思议。何经理却微笑着说："昨天下午我暗中观察了你好久，面对工作你有坚持的理念。正好我们公司的质量检验科缺一位质检员，我相信你到那里一定会干得很好。"

从小萱的行为中，你得到了什么启示？

坚持体现的是你对工作的一种态度，职业素养代表着你的工作水平。不要因为事小而掉以轻心，也不要因为看到了结果，而忽视了过程。对待工作，要有专业、认真的态度，以及良好的工作心态。

二、应对策略

由学生转变为职场人需要一个过程，如何缩短这个过程以快速适应职场，是每个大学生都要思考的问题。初入职场的大学生可以从以下6个方面着手，帮助自己尽快适应职场。

1. 制定职业规划

在开始职场生涯之前，制定一份详细的职业规划，包括自己的职业目标、发展路径等，将有助于明确自己的职业方向，并为实现职业目标而努力。

2. 学习职场技能

学生角色与职场人角色有很大的不同，需要学习许多新的技能，例如沟通技巧、团队协作、时间管理、解决问题的能力等。可以通过实习、参加培训或自学等方式来掌握这些技能。

3. 建立人际关系、加强沟通

在职场中，建立良好的人际关系是非常重要的。通过与同事、领导和客户建立良好的关系，可以更好地融入团队、获得更多的机会并取得更好的职业发展。

4. 适应企业文化

每个企业都有独特的企业文化，需要逐渐适应并融入其中。初入职场的大学生可以通过了解公司的使命和理念，以及遵守公司的规章制度和流程来适应企业文化。

5. 不断学习和成长

职场环境不断变化，需要不断学习和成长。可以通过参加培训、阅读相关图书、与行业专家交流等方式来不断提升自己的能力和知识水平。

6. 保持积极的心态

职场中可能会遇到各种挑战和困难，需要保持积极的心态和乐观的态度。相信自己能够克服困难，是顺利转换角色的关键。

案例讨论

小张是一名新员工，在试用期内，小张对工作充满了热情和积极性，但他却发现自己很难与领导进行有效的沟通。小张的领导是一位非常忙碌的人，经常出差和开会。当小张在工作中遇到困难时，他不知道如何向领导汇报，因为他觉得领导并不了解他的工作，也不会给他提供任何帮助。他不主动与领导沟通，而是等待领导来找他解决问题。这种情况持续了一段时间后，小张的工作表现开始下滑，甚至开始犯一些错误。最终，小张没有通过试用期，被公司解雇了。

　　你有没有办法帮助小张解决这个问题？

　　与领导沟通对职场新人来说是一项需要不断学习的必备技能，最好采用领导容易接受的沟通方式，把观点罗列清楚，有理有据，这样能够提高沟通效率。小张可以试着以合作的态度来对待领导，同时也要认识到：在职场中，与领导的沟通是无法避免的，是工作中的重要部分。要从谈话中了解领导的想法，从而更好地把握自己未来的工作方向，在工作中与领导统一步调，最后达成良好的工作效果。

案例讨论

　　A 和 B 是同期进入某互联网公司的新人，但上班才 3 个月 B 就开始抱怨公司："成天没日没夜加班，命都不要啦！""无用功太多，这些破程序有什么用？""哎，我得赶紧重新找工作了。"B 抱怨越多就越缺少工作热情，结果不到一年就离开了，去了初创公司。但去了初创公司后，没到两个月他又开始后悔，开始怀念前公司的各种好。初创公司竞争太激烈，B 完全无法适应，甚至感到手足无措。而薪水更是一落千丈，期权也暂时是"一纸空文"。而 A 在工作上一直勤勤恳恳，两年后晋升为项目主管。

　　请你分析二人出现不同结果的原因。

　　职场新人在换工作前，需要认真思考自己的职业规划和目标，评估自己的能力和市场需求，选择适合自己的公司和职位。

　　不管什么工作，都有让人无法理解、难以忍受的时候，也没有一家公司是十全十美的。换工作不应该受个人情绪的支配，应该是深思熟虑后的慎重决定。职场新人要看到公司提供的平台，以及给自己的各种机会，潜下心来学习和成长，等时机成熟时再选择更好的平台。

　　在换工作时，需要注意以下 4 点。

　　提前通知：如果决定离开原来的公司或职位，应该提前通知公司，以便公司有足够的时间进行人员调整和安排。

　　交接工作：在离开前需要认真交接自己的工作，包括文件、资料、项目等，确保工作的连续性和稳定性。

　　保密协议：如果签订了保密协议或竞业限制协议，需要在离开前遵守协议规定，避免泄露公司机密或违反协议规定。

　　维护人际关系：要维护好与同事、领导的关系，保持良好的沟通和合作态度，为未来的职业发展打下良好的基础。

·任务二· 养成良好的工作习惯

有一天，项目经理带着小张去开会，要给客户展示 PPT。可是到了客户那里，小张左找右找，就是找不到 U 盘。原来，小张把 U 盘忘在家里了，导致无法演示 PPT。幸好项目经理有经验，不慌不忙地从邮件里下载了一份。虽然邮件里的 PPT 并非最终版本，但好在没让这次会议冷场。

世界上有一种神奇的力量——习惯。习惯是通过一点一滴的行为动作养成的。职场新人应培养良好的工作习惯，形成自己的工作方式，提高工作效率。那么，良好的工作习惯有哪些呢？

（一）对拖延说"不"

你 9:00 进入办公室，开始了一天的工作：跟同事聊一下昨天的八卦，吃个早餐，10:00 了；刷刷网页、看看新闻、查阅一下邮件，11:00 了；开始思考午饭吃什么，讨论半小时后，11:30 叫外卖，这样就过去了一个上午。你不禁感叹："我还什么都没开始干呢……"

人们普遍将拖延归因于懒惰、时间管理等问题。然而，从根本上讲，拖延是一个人能否跟自己和谐共处的问题。

史铁生认为，拖延最大的坏处不是耽误，而是会使自己变得犹豫，甚至丧失信心。不管什么事，决定了就立刻去做，这本身就能使人保持主动，并拥有快乐的心情。

说说看

有哪些原因会造成拖延？

1. 造成拖延的原因

① 缺乏目标和计划：当人们没有明确的目标或计划时，很容易变得拖延，他们可能会感到不知所措，因此会推迟行动。

② 缺乏自律和自我控制能力：有些人缺乏自律和自我控制能力，他们很容易受到干扰，导致无法集中精力完成任务。

③ 缺乏兴趣和热情：如果人们对工作没有兴趣或热情，他们可能会感到缺乏动力去完成任务。

④ 过度工作或压力过大：如果人们承受的工作压力较大或工作量较多，他们可能

会感到疲惫或无力应对新的任务，因此会推迟行动。

⑤ 焦虑和恐惧：有些人可能会因为担心失败、批评或成功带来的责任而变得拖延，他们可能会感到不安或害怕，因此推迟行动。

⑥ 习惯性拖延：有些人的拖延已经成为一种习惯，他们可能会无意识地推迟行动，即使他们知道任务是重要的。

2. 战胜拖延的方法

① 改变认识：我们可以运用积极暗示、设置奖励、增加成功体验等方法获取自信，多想想完成任务带来的好处。

② 制定可操作的目标：确立一个可操作的目标（可观察、具体而实在的），而不是那种模糊而抽象的目标。

③ 分解目标：将目标分解成具体的小目标。每一个小目标都要比大目标容易达成，小目标可以累积成大目标。

④ 面对时间：实事求是地（而不是按照自己的愿望）对待时间。

⑤ 迈出第一步：只管开始做！不要想一下子做完整件事情，每次只要迈出一小步。

⑥ 接受有益于你的人和事：做一个公开承诺，告诉人们你在做什么及什么时候会完成。当别人知道你的计划时，你就不好再逃避目标；同时，别人可能也会给你提一些合适的建议，并和你一起制订计划。

⑦ 寻求帮助：与别人谈论你的困境可以让你找到一个新方法来解决问题。

（二）在"下雨"之前，准备"伞"

"空、雨、伞"思考方法是指当我们准备出门时，可以看一看天空，如果天空阴沉、乌云密布，我们就会选择带伞出门，这样就算真的下起雨来，也不至于被淋湿。"空""雨""伞"的关系如图 5-1 所示。

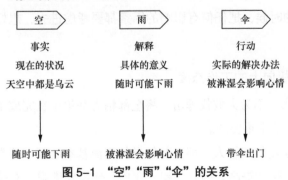

图 5-1　"空""雨""伞"的关系

"空"表示的是"如今处于怎样的状况"这一"事实"（现在的状况）。如果"天空中都是乌云，那么随时可能下雨"。

"雨"表示的是"如今的状况表示怎样的含义"这一"解释"（具体的意义），即根据随时可能下雨的状况，得出"如果被淋湿会影响心情"的解释。

"伞"表示的是在了解"事实"与"解释"之后应该采取的"行动"（实际的解决办法），即"只要带伞出门就不会被雨淋湿"。

我们应掌握"空、雨、伞"思考方法。事实、解释、行动，这3点必须环环相扣。在具体工作中，不管收集到多少信息（事实），如果无法对其进行解释并且找到解决办法，那么这项工作就毫无意义，而且永远无法结束。

🔍 案例讨论

> 张伟要去机场接一个客户。客户的航班在中午11:30到达，张伟的公司距离机场大约22千米，驾车大概需要40～50分钟。为了给客户留下良好的第一印象，张伟要提前到机场等待。因此，他10点就出发去机场，结果平时走的那条路被封了，周边堵得水泄不通，张伟的车子停在路上纹丝不动。接下来的行动计划不得不做出改变。
>
> 如果你是张伟，你会怎么做？

在这种情况下，如果是一个真正"会计划、会工作的人"，那么他肯定会针对公路出行这一事实，提前做好准备。

我们周围的环境是不断变化的，就像公路上的交通情况一样。如果我们在收集大量信息，并且对其进行分析后，没能及时地找出切实有效的解决办法，那么这些时间都将白白浪费，而工作却没有进展。

解决问题是"灵活"的。最重要的是这个问题需要在什么时间点之前解决，然后利用逆推法收集数据并进行分析，最终找出解决办法。

因此，掌握"空、雨、伞"思考方法，是培养我们做事的一个习惯——永远都有Plan B，甚至Plan C。工作的时候，把任何有影响的因素都要考虑进去，想好自己的解决办法，给自己留一条退路。

（三）保持积极向上的工作态度

只为成功找方法，不为失败找理由，将全部精力都集中在完成工作上，时刻保持积极向上的工作态度是非常重要的。

如果你是初入职场的年轻人，那么与领导的交流基本就要"认真服从"，这样你工作的品质和效率都会得到提高。因此，初入职场，你需要谦虚，对领导保持尊敬，按照领导的指示工作，把一切精力都集中在工作上，努力取得超出领导期待的成果。

职场新人就算有再强的工作热情，如果没有发挥的机会，也无法取得任何成果。为了取得成果，积攒实力、厚积薄发当然是必要的，坦诚、努力的人容易获得领导和同事的好感。如果再加上真诚和开朗的性格，以及虚心接受指导的态度，肯定会获得更多的机会。无论在工作中，还是生活上，职场新人都应时刻保持积极向上的工作态度。

习惯是思想与行为的真正领导者，看似微不足道，力量却无比强大。工作中的许多行为常常也是习惯使然，良好的工作习惯能极大地提高工作效率。在职场中，一名优秀的员工不是因为智商、情商出众，更不是凭借其社交技巧，而是由良好的工作习惯决定的。在工作中，职场新人只有形成良好的工作习惯，才能最大化地发挥潜能。

·任务三· 适应职场规则

小马入职半年了，总感觉很难融入团队，跟同事相处得也不是太好。因此他平时总是一个人在办公室的角落里工作，中午一个人吃饭，工作上遇到困难也不知道要向谁请教，一见到领导就害怕。小马感觉工作越来越不开心，像走进了"死胡同"。

说说看

什么是职场规则？

面对从学生到职场人的角色转换，职场新人总会有一些不适应，这也是为什么每个新人进入职场时都需要经历"适应期"的原因。在这个过程中，我们需要主动地融入职场，积极调整心态。

一、建立亲和力

小故事

心理学家艾略特·阿伦森曾做过这样一个试验，他把4段情节类似的访谈录像分别播放给他准备要测试的对象。在第一段录像里接受主持人访谈的是一个非常优秀的成功人士，他在自己所从事的领域取得了很辉煌的成就，在接受主持人采访时，他态度自然、谈吐不俗，表现得非常有自信，没有一点儿羞涩的表情。他的精彩表现赢得台下观众的阵阵掌声；第二段录像中接受主持人访谈的也是一个非常优秀的成功人士，不过他在台上的表现略有些羞涩，在主持人向观众介绍他所取得的成就时，他表现得非常紧张，竟把桌上的咖啡杯碰倒了，咖啡还将主持人的裤子淋湿了；第三段录像中接受主持人访谈的是一个普通人，他不像前面两位成功人士那样有着不俗的成绩，在整个采访过程中，他虽然不太紧张，但也没有什么吸引人的发言，一点儿也不出彩；第四段录像中接受主持人访谈的也是一个普通人，在采访的过程中，他表现得很紧张，和第二段录像中一样，他也把身边的咖啡杯弄倒了，淋湿了主持人的衣服。当教授向他的测试对象播放完这 4 段录像后，让他们从上面的这 4 个人中选出一位他们最喜欢的和一位最不喜欢的。

想知道测试的结果吗？最不受测试者们喜欢的是第四段录像中的那位先生。可奇怪的是，测试者们最喜欢的不是第一段录像中的那位成功人士，而是第二段录像中打翻咖啡杯的那位，95% 的测试者选择了他。

从这个试验里我们看到了心理学里著名的"出丑效应"，"出丑效应"是指对于那些取得过突出成就的人来说，一些微小的失误，例如，打翻咖啡杯这样的细节，不仅不会影响人们对他的好感，相反还会让人们感觉到他很真诚、值得信任。

对职场人来说，犯一些小错误，不仅不会影响同事对自己的好感，反而会拉近彼此的心理距离。如果一个人表现得完美无缺，看不到任何缺点，就会让我们觉得不够真实。

但是，"出丑效应"有个前提，即只有当我们的能力非常出色时才适用。正如故事里所提到的，优秀的人出丑会提升自己的魅力值，而平庸的人出丑却会让大家觉得更平庸。

二、双赢思维

玩游戏

红黑游戏：A、B 两组，每组 5 人，分别到两个封闭的房间内进行游戏。两组各有 6 次出牌的机会，每轮裁判都要互相通报对方的出牌结果，赢的标准是累积最大正分值。

具体出牌分数：A、B 两队同时出黑牌，各加 3 分；A 出黑牌，B 出红牌，A 扣 5 分，B 加 5 分；A、B 同时出红牌，同时扣 5 分；A 出红牌，B 出黑牌，A 加 5 分，B 扣 5 分。

从游戏中，你获得了什么样的感悟？

人们在红黑游戏中的行为与生活中的许多冲突有相似之处。只有在彼此信任、合作的基础上，才能达成对双方都有利的结果。信任的缺失可能会导致生活中产生很多恶性的竞争行为。职场是一个充满合作的舞台，而不是恶性竞争的"角斗场"。

三、读懂身体语言

身体语言是无法撒谎的。在某些情况下，身体语言甚至可以取代语言沟通的位置，发挥传递信息的作用。因此，很多时候，能否理解对方身体语言传达出的信息，并给予准确的回应，是双方和谐相处的关键。

解读他人身体语言的关键是在双方谈话的过程中，能否一边倾听，一边观察对方说话时的表情、身体动作，从而了解对方真实的内心感受。

在职场中，不管是与上司、同事相处，还是跟客户打交道，我们都需要通过读懂对方的身体语言来了解其想法。

说说看

你知道哪些职场中常会看到的身体语言？

例如，心情沮丧、压力状态……

四、不要做坏情绪的传递者

人际交往带来彼此的情感交流时，情感得失也就随之产生了。这种人际关系中的"互动"有很多种形式，我们可以把它归结为影响彼此心情的能力。情绪传染机制有很强大的力量，通过彼此影响，可以引发任何一种情绪。

一个人的强烈情绪往往会传染给其他人。越是在紧张、焦虑的状态下，人们会越敏感，也越容易被他人的情绪影响。一个在办公室里总是爱抱怨的人会挫伤整个团队的工作积极性。

五、保守机密

在职场中经常会涉及一些商业机密和个人隐私，我们应保守公司和同事的秘密，不泄露他人的信息。

案例讨论

某公司的一名员工李某，因为工作需要，经常接触到公司的商业机密和客户信息。公司对商业机密的管理非常严格，要求员工必须遵守保密协议。有一天，李某不小心将一份商业机密文件发送到自己的私人邮箱。他意识到自己的错误后，立即联系了公司的安全部门，并主动交出了文件。

思考练习

1. 你还知道职场存在哪些规则吗？请在课堂上与大家分享。

2. 面对职场出现的各种问题，你应该如何调整自己的心态？

拓展训练

举办一场辩论赛

正方观点：顺应职场规则。

反方观点：向职场规则说"不"。

1.了解初入职场的常见问题，以及应对每个问题的处理方式。

2.掌握快速适应职场的方法：改变学生思维、建立良好的职场心态；多与自己的直属领导沟通，了解他的想法；懂得用幽默、乐观的态度去面对职场，专心工作。

3.养成良好的工作习惯，不拖延，考虑问题全面，保持积极乐观的心态。

4.掌握职场的心理学知识，摸清职场规则，避开职场雷区。

项目六
创意永在线

 项目背景

张长弓升职后忙碌了很多，但忙碌之余与大学室友顾十三的联系却越发紧密了。顾十三从大学就开始创业，积累了很多管理公司、管理团队的宝贵经验。转眼毕业5年了，顾十三被请回母校做演讲，这次张长弓也一同回到了母校。

在演讲时，顾十三一直强调创意，创意决定了方向。想当年，在某次实验课上，老师布置了实验，让同学们根据书本的图片建模，顾十三因为空间感不是很强，每次建模都很费力，而张长弓却能很快完成。因此顾十三问张长弓："你怎么能这么快？"张长弓开玩笑说："因为我有一双扫描眼，只要看一眼就能弄出来。"就因为这句玩笑，顾十三突然有了灵感，这需要的不就是AR[1]技术吗？扫描平面图片，并通过AR技术将它立体呈现，能节省很多建模时间。

顾十三马上将自己的想法告诉了指导老师，建议把AR技术运用到实际教学中。指导老师听后，非常同意顾十三的想法，并给顾十三拟定了一个题目——基于AR新模式的课堂教学，让他往这个方向努力。指导老师还说这个创业想法已经算是品类创新了，如果技术能实现，可以申请技术专利，说不准还能落地呢！就这样，顾十三开始了他的创业之路。

顾十三的创意并非从无到有，而是把两种事物结合在一起有了突破性创新。而现在市场上的创新，更多是指品类的创新。可到底怎样才算品类创新？如何做到品类创新和营销？又怎样保护你的想法与技术呢？下面，让我们一起来学习本章内容。

 项目目标

① 了解品类创新的定义，以及开创新品类的方式。　② 熟悉专利申请的整体流程。

③ 了解营销的定义、营销中的心理学知识。　④ 了解营销策划如何做。

---

1. AR（增强现实）是一种将虚拟信息与真实世界巧妙融合的技术。

知识图谱

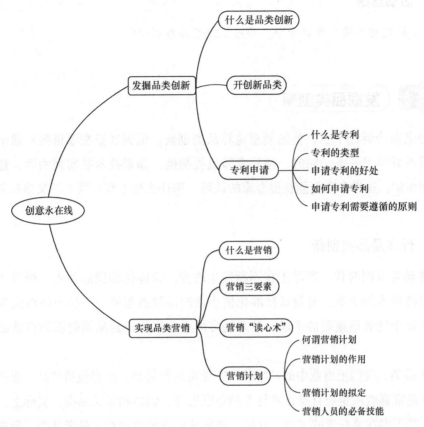

破冰行动

一、活动目标

1. 让学生了解品牌成功的营销策略。
2. 让学生明白什么是品类创新。

二、活动介绍与规则

活动采取一问一答的形式，老师提问讲出品牌的名字，学生马上说出这个品牌最让人印象深刻的广告词，例如，"怕上火喝王老吉"。

老师提出的品牌：OPPO、阿迪达斯、脉动、脑白金、金典有机奶、百事可乐、丰田汽车、飘柔、爱立信。

时间为 5 ～ 10 分钟。

三、活动总结

在提到的品牌广告口号中，哪些体现了品类创新？

·任务一· **发掘品类创新**

指导老师告诉顾十三，他的创意也算品类创新，但到底新在哪里呢？顾十三觉得有必要再好好学习一下。同时，指导老师也提醒他，如果技术能实现的话，建议他先申请专利保护，这样参赛更能获得专家的认可。那什么是专利？顾十三又该如何申请专利呢？

一、什么是品类创新

在移动互联网时代，产品正在不断发生改变。智能化功能的加入、跨界产品的火热、供应链技术的变革、消费者社群化使小众产品发展起来……品类创新成为各商家赢得市场竞争优势最重要的手段，越来越多的企业家认识到品类创新和打造品牌的重要性。

关于品类，我们把商业中的"物种"广泛定义为品类，品类包括产品、服务和混合体。企业通常喜欢从企业自身或者行业的角度思考、创新和定义品类。实际上，品类的创新应该基于潜在消费者的需求。这样，即便从行业的角度看来是老品类，但在潜在消费者看来却是新品类，存在品类创新的机会。

品类创新是"物种"竞争的高级形式，无论是重新设计还是进化成新的品类，我们都称为"品类创新"。大学生创业者在资金、资源和团队上处于弱势，在同品类竞争中很难超越已有品类中的优势品牌获得竞争优势，因此很难与优势品牌直接竞争。

同品类强行加入市场竞争的结果，可能是拼光资金、耗尽资源，替竞争对手培养客户。因此，创业者需要开辟新的战场，以全新的品类获得先发优势和成长的时间与空间。要把有限的资金和资源用于新品类的成长，避免直接与已有品类抢夺资源与客户。

二、开创新品类

开创新品类的核心目标是满足潜在消费者的需求。因此，品牌可以通过聚焦，在一群延伸品牌中打造专家品牌，从而占领品类代表的位置。把握趋势可以帮助企业看到品类未来的机会和方向，但要真正找到明确的新品类，还需要结合趋势与开创新品类的具体方法。接下来，我们一起学习开创新品类的五大方法。

方法一：科技创新开创新品类。

开创一个新品类最直接的方式是科技创新，科技创新分为两种。

第一种是技术革命。 技术革命为创建品牌打下了强有力的基础。例如，通用电气正是借助技术革命的强大推动力量，以照明起家，并成长为一个强大品牌的。对企业而言，技术革命可遇而不可求，并非创新品类的主要途径。

第二种是技术创新。 与技术革命不同，技术创新只是对现有技术进行较小的革新、升级或改良，这对大多数企业而言并非难事。

🔍 小故事

"冰上鲨鱼皮""钢架雪车鞋""炽热科技滑雪服"……在2022年的北京冬奥会上，安踏提供的系列产品在助力中国冰雪运动员取得佳绩的同时，也在市场上受到消费者欢迎。

当接到钢架雪车鞋的研发任务时，距离北京冬奥会开幕只剩4个月。安踏整个供应链科研体系集中攻关——鞋品采用了行业独创的导流板和翼型降阻设计，可使鞋身整体降低10%的风阻；采用3D打印钛合金鞋钉设计有效增强作用力；采用仿生流体力学设计的导流线可降低53.5%的壁面摩擦力；氮科技中底具备耐低温、高回弹的特性，材料回弹率高达82.6%，鞋底异形曲面碳板科技材料回弹力提升2%，保障运动员蹬跑时力量有效传递……

自成立以来，安踏集团已累计投入超56亿元用于自主创新研发，累计申请专利2600多项。安踏集团曾宣布，在超10亿元的研发创新资金中，设立2亿元专项基金用于支持集团各品牌研发创新，尤其在商品创新领域，安踏将加大投入，助力拓展创新体系，进一步提升产品技术竞争力。依托自身科研体系的同时，积极引入"外脑"，是安踏集团近年来的频繁动作。安踏集团已与全球60多所大学及科研机构合作，来自20多个国家和地区的200多位科研工作者在安踏从事运动装备材料、运动人体工学等领域的基础创新工作。

针对当时个人计算机普遍采用文字界面的情况，苹果公司推出的麦金塔（Macintosh）采用了图形界面，开创了图形界面计算机新品类，并在图形计算机市场占据领先地位。并且，苹果公司舍弃键盘，创造性地使用了触屏技术，开创了触屏手机和触屏计算机新品类。苹果公司创新的核心并非单纯的技术创新，而是依托技术的品类创新。

但从消费者的认知上看，苹果公司总能恰到好处地与现有品类区分开来，开创全新的品类。

方法二：新趋势开创新品类。

随着社会快速发展，人类不断面临新的问题，社会上不断产生新的概念、新的趋势。环保问题、健康问题、全球变暖问题……每个新概念都为创新品类奠定了基础：健康、有机、低碳、低糖、无醇、无氟、便携、速冻……

🔍 **小故事**

"方便性"的新品类机会

立顿袋泡茶——颠覆传统饮茶方式，创新独立包装形式，标准化生产，打造"袋泡茶"品类，避免了传统茶叶冲泡时间长、冲泡程序复杂、茶渣不易处理等问题，让茶产品可以像普通的快消品一样，进入现代零售渠道体系，其便捷性深受消费者的青睐。

王老吉凉茶饮料——开创"凉茶饮料"新品类，使原本只在广东特有且熬制过程烦琐的中草药"凉茶"，以"饮料"市场中一个全新的品类形态出现，并定位为"预防上火的饮料"，有效区别于市场上的其他饮料产品，将历史悠久的凉茶变成了时尚、现代的功能饮料，打破了"凉茶"概念的地域困局，使王老吉凉茶走向全国，成为畅销的罐装饮料之一。

方法三：开创"市场中有，心目中无"的新品类。

对企业而言，要找一个市场上没有的新品类是困难的，但是要找一个消费者心目中没有的新品类并不困难。一种情况是成千上万的新品类或具有成为新品类潜质的产品已经由小企业推向市场，但由于小企业初期通常缺乏足够的投入，或在开创新品类、推出新品类、扩大并主导新品类等各个环节投入不足，致使新品类被淹没在产品的海洋中。另一种情况是对很多新品类来说，尽管该产品已经诞生了很多年，但并没有在消费者的心中形成品牌影响力。

🔍 **小故事**

抢占智能手环品类

2013年，Fitbit推出了第一款智能手环——Fitbit Flex，开创了智能穿戴设备的一个新品类。智能手环结合了计步器、睡眠追踪、心率监测等功能，迅速吸引了健康和健身爱好者的关注。然而，智能手环市场的快速增长吸引了更多企业的注意。苹果公司凭借其强大的技术实力和品牌影响力，于2015年推出了Apple Watch系列，该产品不仅在功能上与Fitbit Flex相似，而且在设计和用户体验上进行了大量创新。

苹果公司拥有庞大的用户基础和强大的销售渠道，这使得 Apple Watch 系列产品迅速占领市场份额。同时，苹果公司还通过持续推出新款式和功能升级，巩固其在智能手环市场的地位。

面对竞争，Fitbit 努力保持创新，推出了新款式和更多的功能，同时加强了与第三方健康应用的合作，以提升用户体验，但 Fitbit 在市场份额上已经无法与苹果公司抗衡。

严格地说，这不是一种创新品类的方法，而是大企业抢占新品类机会的捷径。大企业一旦发现这些品类机会，就可以通过经济优势抢占市场。

方法四：聚焦开创新品类。

聚焦不仅是企业经营哲学和战略的核心，而且是开创新品类、创建品牌的有效方法。聚焦开创新品类的主要做法是收缩现有的品类，直到品牌可以成为某一类的第一为止。

🔍 小故事

泡泡玛特是一家成立于 2010 年的潮流文化娱乐公司，在其他玩具公司通过产品的功能和实用性占据市场的情况下，泡泡玛特通过与艺术家和设计师合作，构建了社群文化，推出了一系列受欢迎的潮流玩具。这些玩具不仅具有收藏价值，还成为一种社交方式和文化现象。必胜客是美国第一家全国性的比萨连锁店，提供堂食、外卖、外带业务。在与必胜客争夺市场的过程中，达美乐收缩经营范围，专注于宅送市场，主要针对需要提供送餐到家服务的消费者，开创了宅送比萨品类。聚焦之后，达美乐只在非繁华地段开极少的店，建立店面的目的不是提供堂食，而是为消费者提供体验及为宅送服务提供支持，因此成本大幅降低，并逐渐成为美国第二大比萨品牌。小恺撒则聚焦于外带市场，主要针对那些把比萨带回家或者在办公室吃的消费者，开创了外带比萨品类。同样，小恺撒将店面面积大幅缩减，只设置了几个并不是很舒适的座位，有的店甚至不设置座位，只有外带窗口，店面也不开在繁华地段，这样能够降低成本。小恺撒的比萨价格只是必胜客的一半，但仍可保持较好的利润水平。如今，小恺撒已发展成为美国第三大比萨品牌。

开创新品类的核心目标是成为潜在消费者心目中品类的代表，因此品牌甚至可以在一群延伸品牌中通过聚焦打造专家品牌，从而占据品类代表的位置。

方法五：对立开创新品类。

当你无法创造一个新品类时，那就使你的品牌在消费者的认知上成为一个新品类，正如可口可乐与百事可乐。虽然二者同为可乐，但一个是经典可乐，另一个是年轻人的可乐，二者是两个不同的类别。

对立面战略可以让品牌与既有的领导品牌产生很好的关联效果。当想到其中一个概念时，也容易想到相反的概念，起到借助领导品牌建立认知的作用。因此，在一个成熟的品类中，消费者会分成两个群体：一个群体倾向于选择领导品牌；另一个群体则不愿意选择领导品牌，并且通常选择与领导品牌对立的品牌。

说说看

你能想到哪些对立品牌？

小故事

> 瑞幸咖啡与星巴克：瑞幸咖啡和星巴克在中国咖啡市场上的竞争体现了对立开创新品类的策略。瑞幸咖啡通过提供便捷的自助点餐和快速配送服务，打破了星巴克所代表的"第三空间"理念，并成功开创了"新零售咖啡"这一新品类。瑞幸咖啡凭借其便捷性和价格优势，吸引了大量年轻消费者，成为市场上的领导者之一。

奔驰开创了宽大舒适的高档轿车，成为高档轿车品牌代表之一。宝马处于不得不和奔驰竞争的位置。如何与奔驰竞争？方法非常明了：成为它的对立面。奔驰以车体大、动力强、豪华、驾驶平顺及座椅舒适著称。宝马把自己确定为奔驰的对立面，"超级驾驶机器"已经成为宝马品牌长期的广告口号，但是这不仅是个广告口号，还是一个系统战略。宝马的轿车车体更小、更轻，驾驶起来也比奔驰更有乐趣。事实证明，宝马在美国等很多国家的销量超过奔驰。

对立面战略虽然听起来容易，但真正实施起来很难，原因在于品牌可能存在很多个对立面，其中 99% 属于战术性对立面，只有 1% 属于战略性对立面。

例如，你可以找到可口可乐的无数个对立面：可口可乐口味单一，所以推出更多口味；可口可乐价格高，所以推出低价可乐（百事可乐最初就是这么做的）；你还可以从人群、口味、形象等方面找到其对立面。但这些对立面大多属于可口可乐的战术性弱点，若以此展开对立，可口可乐很容易迅速弥补。但是，悠久的历史传统是可口可乐的品牌核心价值，若可口可乐试图弥补这些方面，则意味着它在战略上放弃了自己的核心优势，而陷入了与对手竞争的局面。

有效的对立面战略既要寻找领导品牌的战略性对立面，也要寻找其战略性弱点。而战略性弱点通常隐藏在战略性优点的背后，所以要分析领导品牌的战略性优势，然后反其道而行之。例如，奔驰汽车的优势在于车内宽大、乘坐舒适；宝马以狭窄、驾驶乐趣为优势与之竞争。若奔驰也推出狭窄、具有驾驶乐趣的产品，实际上是主动放弃了自己的优势。

品类创新是一种商业创新，其核心在于寻找消费者的潜在需求，然后设计产品。因此，企业必须充分了解消费者的潜在需求，并从消费者的角度思考。很多企业接受了开创新品类的思想，但是很少有企业真正开创了新品类，其原因在于，在大多数情况下，企业所开创的新品类并非真正的新品类，仅仅是企业找出来的创意。

三、专利申请

（一）什么是专利

专利主要是对发明、实用新型及新式样（又称"外观设计"）这三者经申请并通过审查后授予的一种权利，是专利权的简称。专利是法律授予发明创造的一项独占权，它既可以是一个产品，也可以是一种生产方法，还可以是解决某个问题的技术方案。它作为一种最为重要的知识产权保护措施，可以被看作发明人与社会订立的一个契约。依据这个契约，社会允许发明人对自己的发明创造享有某种权利，并享受因此带来的经济利益和其他利益，而发明人承诺将自己的发明创造适当地加以公布，从而促成技术的进一步创新。它不同于有形财产，是看不见、摸不着的，并且具有时间性和地域性的限制。

（二）专利的类型

专利可以分为3类：发明专利、实用新型专利和外观设计专利。

1. 发明专利

发明专利是一种技术方案，是对产品、方法或者其改进所提出的新的技术方案的保护。发明专利必须具有新颖性、创造性和实用性。在申请发明专利时，需要提交完整的申请文件，包括说明书、权利要求书和摘要等。经过审查后，如果符合专利法规定的要求，就可以获得专利权。

发明专利的有效期为20年，在有效期内，专利权人享有对该项发明的独占权和排他权。如果他人未经专利权人许可，使用了该项发明创造，就可能构成侵权行为。

2. 实用新型专利

实用新型专利是对产品的形状、构造或者其结合所提出的适于实用新技术方案的保护。与发明专利相比，实用新型专利更加注重对产品的实用性和技术性的保护。

实用新型专利的申请和审查流程相对简单，有效期为10年。在有效期内，专利权人享有对该项实用新型专利的独占权和排他权。如果他人未经专利权人许可，使用了该项实用新型专利，就可能构成侵权行为。

3. 外观设计专利

外观设计专利是指对产品的整体或者局部的形状、图案或者其结合以及色彩与形状、图案的结合所作出的富有美感并适于工业应用的新设计。外观设计专利保护的是产品的外观设计和美观性，不保护其技术方案和实用性。

外观设计专利的申请和审查流程相对简单，有效期为 10 年。在有效期内，专利权人享有对该项外观设计的独占权和排他权。如果他人未经专利权人许可，擅自制造、销售、使用或者进口该项外观设计专利产品，就可能构成侵权行为。

 **敲黑板**

如何区别专利类型

电话机的研制可以申请发明专利；将台式电话机改为壁挂式电话机时，可以申请实用新型专利；而卡通电话机（例如把一个电话机做成狗的形状）则可以申请外观设计专利。

（三）申请专利的好处

如果我们有了发明创造却不申请专利就随意公开，那么专利所带来的经济利益很有可能被他人抢占。申请专利后可通过转让专利技术或提供专利许可获得经济效益。同时，专利也可以保护投资企业的生存和发展。另外，专利还可让我们在求职就业时拥有很强的竞争优势。

1. 能力肯定和获得荣誉

中国专利是向全世界公开的，能够申请专利就说明你有一定的创新能力，对所申请专利的专业领域有一定的研究并且有自己的独到之处，在就业、晋升或创业时会有强大的竞争优势。

2. 获得特许费

一项专利可以"垄断"专利产品的销售市场，从而获得较高的经济效益。即使市场目前对该项专利没有需要，日后也很有可能发现该项专利的用途，并且愿意支付专利使用费进行使用。例如，IBM 公司在 2001 年通过转让专利，获得了将近 17 亿美元的高额收入。

3. 当作防护盾

如果发明人未能在第一时间申请专利，竞争对手很有可能捷足先登。那时，发明人的一切努力与成果都将付诸东流，发明人将不可享受本人的科研成果。并且，即使使用保密的手段保护自己的技术成果，也很难对自己的专利做到真正的保密。

4. 增强企业综合竞争力

专利无论是对大、中、小型企业，还是对新型企业来说，都同等重要。在激烈竞争的市场环境中，小型企业完全有可能利用专利发明去反胜那些大型企业已经存在的、具有良好口碑并占领市场多年的主导产品。

5. 提高企业价值

企业无形资产的存量能够提高企业的价值。如果有第三人愿意入股投资一家公司，且该公司拥有若干有价值的专利，那么该公司的股价就有可能大幅提高。

6. 专利融资可获益

专利融资就是将专利证券化，公司可以有效地筹资，从而促进公司收支平衡，改善不良局面。

7. 取得风险投资

风险投资可以使一家公司蜕变，这也是新型企业的梦想。但是如何获得风险投资？如何才能让风险投资公司愿意给你投资呢？关键是要拥有核心的专利组合。

8. 质押贷款

不仅动产可以用于质押，知识产权也可以用于质押。

9. 创业竞争利器

创业者首先要考虑清楚自己的核心竞争力在哪里。在知识经济时代，要想创业成功，必须选择有技术壁垒、法律壁垒的项目。最初创业的创业者可以选择获得国家专利的项目，因为专利项目拥有极强的法律壁垒，具有一定的垄断性，拥有专利的创业项目也更容易获得投资。

（四）如何申请专利

申请专利的途径有两个：一是直接到国家知识产权局申请专利，或者通过邮寄挂号申请文件的方式申请专利（专利申请文件有请求书、权利要求书、说明书、说明书附图、说明书摘要、摘要附图）；二是委托专利代理人代办专利申请，采用这种方式，可以避免因撰写申请文件的质量问题而延误审查和授权。专利申请的基本步骤如图6-1所示。

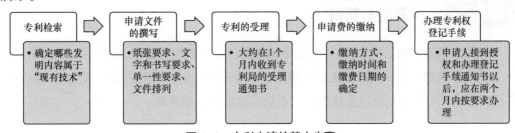

图 6-1　专利申请的基本步骤

（五）申请专利需要遵循的原则

1. 请求原则

有了一项发明创造并不意味着可以自动得到法律保护，必须由有权申请的人按照规定向国家知识产权局提出专利申请，并按照一定的程序经过审批，才能获得专利权。

2. 书面原则

专利法和实施细则规定的各项手续都应当以书面形式办理。这个原则不仅适用于专利申请，而且适用于专利申请审批过程中的各项手续。不能以口头、电话、电报、传真、胶片、软盘、光盘、实物等代替书面申请，提交时必须使用由国家知识产权局制定的有统一格式的表格，并由申请人签名或盖章。

3. 先申请原则

两个以上的申请人分别就同样的发明创造申请专利时，专利权应该授予最先申请的人。也就是说，对于一项发明创造，不管谁是先发明人，谁先申请专利，专利权就授予谁，其他人的申请则会被驳回。

4. 优先权原则

优先权包括外国优先权和本国优先权。外国优先权是指申请人就同一发明或者实用新型在外国第一次提出专利申请之日起的 12 个月内，或者就同一外观设计在外国第一次提出专利申请之日起的 6 个月内，又在中国提出申请的，中国应以其在外国第一次提出申请之日（即优先权日）为申请日。此原则同样适用于我国申请人向外国提出专利申请。本国优先权是指申请人就相同主题的发明或者实用新型专利在中国第一次提出申请之日起的 12 个月内，又向外国知识产权局提出申请的，可以享有本国优先权。本国优先权不包括外观设计专利。

5. 单一性原则

一项发明专利申请应该仅限于一项发明，这个原则被称为"一发明一申请原则"，即"申请单一性原则"或"发明单一性原则"，这个原则也同样适用于实用新型专利和外观设计专利的申请。

任务二 实现品类营销

顾十三落实了自己的创意，可是怎么把他的产品投放到市场中，获得客户与资源呢？

品类是隐藏在品牌背后的关键营销力量。今天的营销，与其说是经营品牌，不如说是经营品类；与其说是推进品牌战略，不如说是推进品类战略。

一、什么是营销

营销是指企业发现或发掘准消费者需求，让消费者了解该产品进而购买该产品的过程。市场营销是在创造、沟通、传播和交换产品中，为顾客、客户、合作伙伴，以及整个社会带来经济价值的活动、过程和体系。它主要是指针对市场开展经营活动、销售行为的过程，即经营销售实现转化的过程。菲利普·科特勒对营销有着独特的理解，他认为营销是一种个人和团体提供商品和服务，与他人交换的过程，也是一种满足需求和需要的管理方式。菲利普·科特勒认为营销是建立在心理学、社会学、经济学等诸多学科之上的满足个体需要的最好方式。它不仅是一门应用学科，而且是一门艺术和技术。

小故事

菲利普·科特勒致力于营销战略与规划、营销组织及社会营销等方面的研究。他创造的"反向营销"和"社会营销"等概念，被人们广泛应用和实践。

这里谈到的营销指的是市场营销，是指企业在分析内外环境的基础上，确定企业营销发展的目标，制定出长远的谋划及实施措施。我们用简单的话来概括，其实营销就是 A 为 B 创造对方想要的价值，与其建立并维持关系，以获得回报的思维过程。

在现代市场营销理论中，市场细分（Market Segmentation）、目标市场（Market Targeting）和市场定位（Market Positioning）是构成公司营销战略的核心三要素，称为 STP 营销。

市场细分是指营销者利用一定的需求差别因素（例如地理因素、人口因素、行为因素等），把某一产品的整体市场消费者划分为若干具有不同需求的群体的过程或行为。值得注意的是，市场细分既不是对企业自身的产品进行分类，也不是按企业的性质进行分类，而是按照消费者的需求进行分类。

麦卡锡提出，应当把消费者看作一个特定的群体，并把其称为目标市场，即通过市场细分以后，企业分析得出最有优势的一个或几个市场，并准备相应的产品或服务满足它。

市场定位是为了适应消费者心目中某一特定的看法而设计的企业产品、服务及营销组合的行为。简单来说，市场定位指的是企业的产品或服务在消费者心目中深刻的、特定的印象。市场定位可以根据不同的对象采取不同的策略，如产品定位策略、品牌定位策略等。

二、营销三要素

菲利普·科特勒认为，策略、战术和价值三大要素在营销活动中分别扮演着不同的角色，他用这三大要素组成了营销学的基本架构，如图6-2所示。

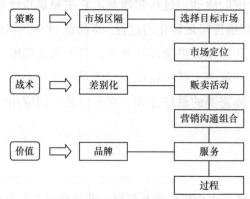

图6-2 营销学的基本架构

策略扮演的角色主要是提高消费者的心理占有率，换句话说，就是消费者在购买商品时，最先考虑的企业所占的比例。调查结果发现，近年来，消费者的心理占有率与市场占有率有越来越相近的趋势。换句话说，心理占有率逐渐反映品牌的市场表现。

战术扮演的角色主要是提高企业的市场占有率，也就是企业在市场上的地位及优越性。例如2010年，联想在中国一体计算机的市场占有率中排名第一。

价值扮演的角色主要是取得消费者的偏好占有率，也就是通过营销，让消费者偏爱企业。例如，海尔集团凭借高科技的产品和优质的售后服务，达到了全球消费者极高的偏好占有率。

简单地说，策略是选择方向和市场定位，战术是为市场活动所做的准备，价值是为市场活动所做的服务。

三、营销"读心术"

说说看

《中国地理》杂志的一年订阅权，目前有以下2种选择。

A：全年电子版，收费120元；

B：全年电子版加印刷版套餐，售价260元。

你会选择购买哪种？

如果再增加一个选项C：印刷版全年售价260元。在这3个选项中，你又会选择哪一个？

大部分消费者在购物时都有过相似的经历。当我们在进行购买决策时，都相信自己能根据所获取的信息做出最正确的决策。但是如上面的例子所示，很少有消费者会思考为什么商家会给我们第三个选择"印刷版全年售价 260 元"。与前两个选择对比，它看上去完全没有吸引力。在日常生活中，人们的许多消费行为看似是理性思维、权衡对比的结果，实则不然。下面，我们一起来了解营销中常见的用户心理效应，来聊聊营销中的"读心术"。

效应一：微小属性策略。

市场竞争越来越激烈，产品同质化的现象越来越普遍，实现产品差异化成为产品设计和营销的重中之重。微小属性策略就是快速实现产品差异化的一种途径。

说说看

你知道特仑苏的广告词是什么吗？

牛奶是个不折不扣的同质产品，而特仑苏通过改变牛奶的生产场地，赋予其更健康、无污染的微小属性，实现了差异化溢价。同样的例子还有"富含抗氧因子的矿泉水""添加果肉的饮品"等。

微小属性策略与消费者心理有什么关系呢？

这涉及消费者的预期心理，我们对已有事物的预期会影响我们对它的体验和态度。在我们的观念里，"果肉 = 新鲜 + 健康"，当我们看到"添加果肉的饮品"时，这个产品在我们的意识中自然带上了新鲜、健康的标签。

使用微小属性策略要和消费者的心理预期相结合，而不是一味地追求差异化，为产品添加毫无用处甚至互相冲突的属性。

效应二：目标趋近效应。

从 99% 变成 100% 的这段时间总是特别漫长。我们越是趋近某个目标，越是愿意不惜一切代价去实现它，这在心理学上叫目标趋近效应。通俗地说，就是人们为了不让之前花费的巨大努力付诸东流，而对最后需要完成的那个部分愿意付出更多的代价。那么，这个心理效应对营销者而言有什么可以借鉴的价值呢？

首先，让你的产品成为消费者实现某个重要目标的一部分，思考你的产品可以帮助消费者完成什么目标、他为了这个目标还付出了什么努力等。

其次，把消费者追求的这个目标尽量频繁地以可视化的方式展现出来。这也是所有健身 App、学习类 App 都会让你做的一件事——每日打卡。当然每日打卡是一种即时反馈，能够不断激励你，让你坚持下去，同时增强用户黏性，但这个作用主要在打卡初期显现。而当打卡进入中后期，目标趋近效应的作用将会越来越大，你只会听到一种声音："目标已经过半了！""还差一点这个月的目标就达成了！""最后 5 天！"

效应三：认知闭合需求。

很多时候，人们并不是找到了真正的答案，而是找到了自己想要的答案，前者需要投入更多的脑力，跳出舒适区，而后者是为了支撑自己预设的答案在脑海中寻找证据，这就是心理学上的认知闭合需求，简单来说，就是当人面对一个模糊或复杂的问题时，给问题找出一个明确答案的强烈欲望。

在网上购物时，你抱有明确的购物目的，内心暗含着一个做消费决策的任务，这时就存在较高的认知闭合需求，你将不断寻找有助于你迅速决策的线索（通常是销量、产地、好评等容易判断的外围线索，而非配件、性能数据等中心线索）。在这种情况下新品很难得到推广，因为它需要你付出更多的决策成本去判断更加复杂的消息。

反观内容型电商，你是因为对其提供的内容感兴趣才选择观看或关注（例如某些公众号通过文章推销产品，综艺或者直播通过插入链接来营销等），而非"我要买一个东西"。这时的认知闭合需求就较低，消费者能够更容易地接收复杂的决策信息，并尝试接受新的产品，这也是很多产品在交易型平台上销量不佳，但在内容型平台上畅销的原因。

效应四：损失规避。

🔍 案例讨论

富翁经常路过十字路口，总会遇到一位乞丐，他每次都会给乞丐一张百元大钞，乞丐每次都感谢不已。某次富翁经过路口，身上没有百元大钞，就随手给了乞丐一张50元的钞票。谁料乞丐大怒："你拿我另外的50元干什么去了？"这个故事给你带来什么样的启示？

心理研究表明，大部分人低估获得时的收益，而高估失去时的损失。换句话说就是：与获取相比，人们对失去带来的损失更加敏感。

如何把损失效应与营销相结合呢？很简单，与其一味地强调产品或服务能给目标群体带来什么，不如化收益为损失，告诉他们即将失去什么。

"损失规避"是人的本能反应，但如果任由本能主宰，很有可能陷入更大的损失中。只有鼓起勇气、直面损失，才有可能规避更大的损失。

效应五：心理账户。

🔍 小故事

为什么现在的电商越来越多地说"满1000元减200元"而不是"满1000元打8折"？"满减策略"为什么大行其道？一件商品打8折，1000元的东西只要付出

800 元就可以买到，差异似乎没有那么大。但如果是满 1000 元减 200 元，则感觉自己付出了 1000 元，又额外收获了 200 元。

每个人都有一个心理账户，你要别人买东西，其实就是要给他一个购买的理由来满足这个心理账户。你可以先了解目标用户主要存在哪些心理账户，普遍舍得在哪些方面花钱，然后运用情感设计来强调这些方面，也就是为用户找一个花钱的理由，促成购买。

效应六：从众效应。

从众效应是指个体在社会影响下，为了适应群体，改变自己的态度、观点和行为以符合群体的期望和规范。这种效应在群体活动中较为常见，人们往往会不自觉地受到群体行为的影响，从而产生从众效应。从众效应也就是人们常说的从众心理，即不带头、不冒尖，一切都随大流的心理状态，是指人们不假思索地盲从众人的认知与行为。从众效应其实暗含两层隐晦的心理认知。

第一层，我们天生相信别人，认为别人选的，尤其是大多数人认可的，一般具有更高的价值。这一点在营销中的应用极其广泛。你购买图书时是否参考过本周畅销书排行榜？你在选择观看电影时，是否浏览过豆瓣电影的高分排行？你在听音乐时，是否点击过热歌排行榜？

第二层，同侪压力，利用人们对被孤立、不合群的恐惧。无论你处于什么年龄段，一定都能理解这种恐惧。

从众效应是一种比较普遍的社会心理和行为现象，在商业和营销中也有广泛的应用。

例如，一些商家利用从众效应来提高产品的销售量。他们通过广告、促销活动等方式吸引消费者的注意力，并暗示其他消费者也在购买和使用该产品，从而促使消费者产生购买的欲望。此外，一些营销策略也会利用从众效应来提升消费者的参与度和购买意愿，例如限时优惠、团购等。

然而，从众效应也有其负面影响，可能会导致盲目跟风和缺乏独立思考，从而影响个人的判断力和决策能力。因此，在商业和营销中，我们应该注意合理利用从众效应，同时也要注重培养独立思考和自主决策的能力。

如今，人们追求个性与自由，并不喜欢千篇一律。当一个品牌变得太受欢迎时也会适得其反，出现"反潮流"现象。

🔍 小故事

20 世纪 90 年代，Levi's（李维斯）在美国十分受欢迎。Levi's 在某次市场调查中发现，年轻人购买Levi's的比例与意愿在下降。多方研究后，Levi's发现了原因：年轻人不愿意和他们的父亲穿同一个牌子的牛仔裤！所以，Levi's设计了另外一种裤型——直筒裤，因为直筒裤的款型较细，父母辈根本穿不进去。

当然，要想让消费者"有意识"或"无意识"地购买你的产品，仅靠学习这几个心理效应是远远不够的，我们还需要在生活中多留意观察，并尝试分析不同的营销方式利用了人们的哪些心理，相信一段时间后你一定受益良多。

四、营销计划

要想提升营销活动的效果，就一定要在执行活动前制订一份营销计划。

（一）何谓营销计划

市场营销计划在企业的实际工作中，常常被称为市场营销策划，是指企业有关营销活动的具体安排。

营销计划按照内容可以划分为总体营销计划和项目营销计划；按照时间长短可以划分为长期营销计划和短期营销计划。一般时间跨度超过3年的可以归为长期营销计划；3年以下的可以归为短期营销计划，也称短期营销策划。

（二）营销计划的作用

营销是企业的生存之本，计划是营销的生存之本。企业如果想立足于市场，就必须树立营销观念，可见计划对企业的重要性。营销策划的作用有以下5个方面。

● 营销计划促使企业各部门和全体员工明确工作方向，并保持步调一致，这样可以从根本上避免与企业营销目标不符的事情发生，耗费企业的有限资源。

● 营销计划使企业集中精力，及时利用机会，降低风险。

● 营销计划使营销活动按照指定内容实施，避免浪费，节约营销成本。

● 营销计划有利于企业加强对营销活动的有效控制，有了营销策划的支持，企业能够在增强营销活动的针对性、计划性、主动性和创造性的基础上，避免企业的无效劳动。

● 营销计划有利于实现企业营销活动的个性化和差异化。

（三）营销计划的拟定

营销计划的拟定如图6-3所示。

1. 营销现状分析

企业要对所处环境的各种状况进行分析，包括宏观环境、市场状况、产品状况、竞争状况及分销情况。

2. 机会和问题分析

运用 SWOT 分析法，明确企业所处的内部与外部环境，并从中找出对自己有利的、值得发扬的因素以及对自己不利的、要避开的东西，发现存在的问题，找出解决办法，并明确以后的发展方向。

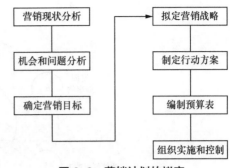

图 6-3 营销计划的拟定

3. 确定营销目标

市场营销计划的目标是计划中最基本的要素，是企业营销活动所要达到的最终结果。营销目标一般包括以下内容：销售量、销售利润率、市场占有率、市场增长率、产品 / 品牌知名度、信誉度等。例如，下一个年度分销网点扩大 10%，总销售收入达到 20 亿元，比今年的销售额提高 10%，净利润达到 8000 万元。

4. 拟定营销战略

在企业营销管理的过程中，制定营销战略是关键环节。企业营销战略的制定包括目标市场战略和营销组合策略的制定。

5. 制定行动方案

行动方案主要指营销活动"要做什么？""什么时候做？""怎样做？"等信息。行动方案必须是具体的、细化的，要全面考虑时间、空间、步骤、责任、项目费用等要素。

6. 编制预算表

编制预算表的关键在于损益预期的控制。损益报告需要根据目标、战略和行动方案来编写，包括收入和支出两个模块。损益预期是企业营销部门进行采购、生产、人力资源分配以及营销管理的依据。

7. 组织实施和控制

企业必须建立灵活而有适应性的组织架构，制定相应的激励制度，形成规章制度；同时要强化企业文化的营销理念，并协调企业各部门与营销计划执行部门的关系，设定提示和监督的表格，包括年度控制、盈利控制、效率控制等，确保计划有条不紊地实施。

（四）营销人员的必备技能

营销人员必须具备的技能如图 6-4 所示。

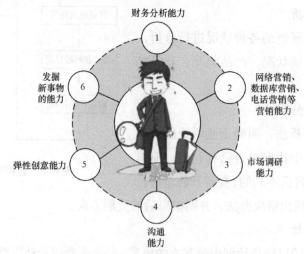

图 6-4　营销人员必须具备的技能

1. 财务分析能力

营销人员必须对营销调研、促销、广告、销售管理等概念非常了解。另外，营销人员还要学会掌握财务、技术等方面的知识。只有把良好的营销知识和个人的创造才华结合起来，才会让自己的产品和服务更加出众。

2. 网络营销、数据库营销、电话营销等营销能力

这要求营销人员能够掌握信息技术，在技术方面具备理工科的知识背景。

3. 市场调研能力

市场调研、产品研发和管理、价格设定、渠道管理等都是营销人员应该具备的技能。

4. 沟通能力

优秀的沟通能力对营销人员来说非常重要。营销人员在执行营销活动时，会面对各种复杂的情况，这就要求营销人员必须掌握多样的沟通方式以及与人沟通的技巧，从而很好地完成任务。

5. 弹性创意能力

营销人员需要具备创新思维，不受已有的观念束缚，并不断地刺激自己萌生新的创意，为企业发现新的获利途径。

6. 发掘新事物的能力

营销人员要以全球化的视角认知新事物，发现新机会。

思考

以自我营销为题，按照模板，完成相应的营销策划书。

拓展训练

"以旧创新"创意大赛

① 比赛材料由通信学院提供，需要根据通信、互联网等方面的知识，完成对物品的改造。选手领取互联网及通信行业相关物件，将物品制作（想象）成全新物品，制作营销方案PPT并展示（可选以下物品：小灯泡、显示屏、收音模块、红外发射接收管、小喇叭、触摸传感器）。

② 比赛可以个人参赛，也可以团队（最多两名）参赛。

③ 比赛物品的改造时间为一个星期。

④ 结果根据想法、物品、营销方案进行评分，选出获奖者。

……

项目总结

1. 了解品类创新的定义以及开创新品类的5种方法，包括技术创新开创新品类、新趋势开创新品类、开创"市场中有，心智中无"的新品类、聚焦开创新品类和对立开创新品类。

2. 了解专利的3种类型、申请专利的好处和应遵循的原则，了解专利的申请步骤，包括专利检索、申请文件的撰写、专利受理、申请费缴纳以及办理专利权登记手续。

3. 了解营销的定义和包含的三要素（策略、战术和价值）。

4. 了解营销计划的重要性以及做计划的6个步骤，包括情景分析、目标、战略、战术、预算和控制，了解营销人员的必备技能。

项目七
以赛促学，创业大赛实训

项目背景

在校期间，张长弓跟着顾十三一起参加了"双创"大赛。"双创"大赛的项目较多，其中有"互联网+"大赛、"三创"大赛、"创青春"大赛、"交行杯"大赛等，张长弓在顾十三的带动下场场不落地参加，他从最初抱着试一试的心态到成为参赛明星，从校级比赛的尝试再到国家级比赛的夺魁，张长弓获得了诸多荣誉，学到了很多创业知识，这段经历让张长弓终生难忘。

大学生"双创"大赛教会了他们哪些知识？让我们一起学习本章内容。

项目目标

① 了解大学生"双创"大赛的参赛事宜。　② 会用商业画布，会写商业计划书。
③ 了解大学生创业融资等知识。

知识图谱

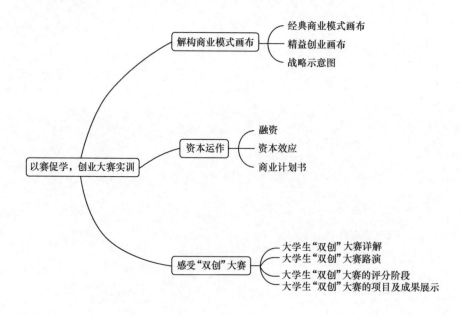

情景模拟

1. 活动目标

（1）通过观看"互联网＋"大赛的金奖路演视频，组织学生模拟场景，设置路演现场，学生做评委，给视频中的路演打分。

（2）通过小组评分了解自己和专家评委点评的差距。

（3）进一步增强对学习参赛知识的渴望。

2. 活动背景介绍

观看"互联网＋"大赛的获奖视频，让学生对路演视频打分并评论，排出名次，再与专家的评分进行对比。

3. 活动规则

（1）根据"互联网＋"大赛路演视频的内容，邀请学生担任评委，对路演进行评分，模拟现场评分环节。

（2）时间为 90 分钟。

4. 总结：你在这个情景中有哪些收获？

小贴士

参赛同学模拟创业者应具备的能力素质

对一个创业者来说，拥有什么样的能力才能让创业走向成功呢？下面我们就来盘点一下创业者需要具备的各种能力。总体来说，创业型人才应具备的能力有专业能力、方法能力和社会能力。

（一）专业能力是创业的前提

专业能力是创业者掌握和运用专业知识进行专业生产的能力。专业能力具有很强的实践性。创业者要在实践中摸索许多专业知识和专业技巧，并逐步发展、完善。创业者要重视在创业过程中积累专业技术方面的经验，训练职业技能，对书中介绍过的知识和经验在加深理解的基础上予以提高、拓宽。

（二）方法能力是创业的基础

方法能力是指创业者在创业过程中所需要的工作方法，是创业的基础能力，创业者应具备的方法能力主要体现在以下 9 个方面。

① 信息的接受和处理能力。搜集信息、加工信息、运用信息的能力是创业者不可缺少的能力。随着科技进步和网络技术的普及，创业者不但应该具备从传统媒体中搜集信息的能力，还应该具备从网络中获取信息的能力。

② 捕捉市场机遇的能力。发现机会、把握机会、利用机会、创造机会，是成功企业家的主要特征。

③ 分析与决策能力。通过消费者需求分析、市场定位分析、自我实力分析等过程，根据自己的财力、社交网、业务范围和"最适合自己的市场机会是最好的市场机会"的原则，做出正确决策，实现自己的创业目标。

④ 联想、迁移和创造能力。从别人的企业中得到启发，通过联想、迁移和创造，使自己的企业别具特色，并通过这种特色使自己的企业在同类市场中占据理想的份额。

⑤ 创办企业的能力。创办一家企业需要做好哪些物质准备、需要提供什么证明材料、到哪些部门办哪些手续、怎样办等，均为创业者应具备的能力。

⑥ 确定企业布局的能力。怎样选择企业的地理位置、怎样安排企业内部架构、怎样考虑企业性质等，都是创业者在创业过程中不可回避的问题。

⑦ 发现和使用人才的能力。一个成功的创业者，肯定是一位会用人的企业家，他不仅能对员工进行选择、使用和优化组合，而且能运用群体目标建立群体规范和价值观，提升群体的凝聚力。

⑧ 理财能力。这不仅包括创业实践中的奖金筹措、分配、使用、流动、增值等环节，还涉及采购能力、推广能力、营销能力等。

⑨ 控制和调节能力。成功的创业者要对规划、决策、实施、管理、评估、反馈所组成的企业管理的全过程具有控制和运筹能力。

（三）社会能力是创业的核心

社会能力是指创业过程中所需要的行为能力，与情商的内涵有许多共同之处，是创业成功的主要保证，是创业的核心能力。创业者具备的社会能力主要体现在以下 4 个方面。

① 人际交往能力。创业者不但要与消费者、本企业员工打交道，还要与供货商、金融和保险机构、本行业同仁打交道，更要与各种管理部门打交道，因此，创业者必须具有较强的人际交往能力。

② 谈判能力。一家成功的企业避免不了繁忙的商务谈判，谈判内容可能涉及供、产、销、售后服务等多个环节，创业者必须善于抓住谈判对手的心理和实际需求，运用"双胜原则"，即自己和对方都能在谈判中取胜的技巧，使自己的企业获利。

③ 企业形象策划能力。在激烈的市场竞争中，在公众中树立良好的企业形象，是创业成功的主要条件。创业者应善于借助各种新闻媒体和宣传渠道，向外推广自己的企

业，提高企业的知名度。

④ 合作能力。创业者不但要与自己的合作者、员工合作，也要与各类与企业发展有关的机构合作，还要与同行的竞争者合作。创业者要善于站在对方的角度，理解和体谅对方，要善于与他人共事，和睦相处，实现双赢甚至多赢。

任务一 解构商业模式画布

商业模式画布是一种能够帮助创业者催生创意，确保他们找对目标用户，合理解决问题的工具。商业模式画布不仅能够提供更多灵活多变的计划，而且很容易满足用户的需求。更重要的是，它可以将商业模式中的元素标准化，并强调元素间的相互作用。

2008 年，商业模式创新作家、商业顾问亚历山大·奥斯特瓦德提出了商业模式画布（BMC）的概念。其后，很多企业利用这种简单的方式设计商业模式并从中受益。这一概念的创新点在于你只需要用一页纸概述你的战略商业模式，而不需要写出很多商业计划。

一、经典商业模式画布

（一）商业模式画布

商业模式画布如图 7-1 所示。

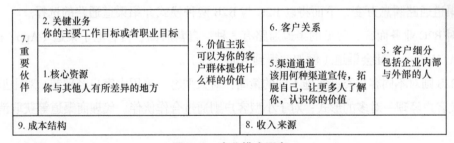

7.重要伙伴	2. 关键业务 你的主要工作目标或者职业目标	4. 价值主张 可以为你的客户群体提供什么样的价值	6. 客户关系	3. 客户细分 包括企业内部与外部的人
	1.核心资源 你与其他人有所差异的地方		5.渠道通道 该用何种渠道宣传，拓展自己，让更多人了解你，认识你的价值	
9.成本结构			8. 收入来源	

图 7-1　商业模式画布

商业模式画布中的每个方格都代表着成千上万种可能性和替代方案，而你要做的就是找到最佳的那一个方案。

（二）商业画布构造块的细分创新点

1. 客户细分——找出你的目标用户

第一个重要的客户细分准则是了解企业当前所处的"市场"。

（1）市场分类

● 大众市场（例如是否为类似可口可乐的快消品）。

- 利基市场（即高度细分垂直市场）。
- 区隔化市场（在面临强劲的竞争对手时，需要强调差异化）。
- 多元化市场（个人消费品走向海外）。
- 多边双边市场。

（2）用户分类

- 年龄。
- 支付能力。
- 生活形态（例如学区房、老年公寓等）。
- 消费偏好。
- 场景（例如饿了么、美团外卖等）。

2. 价值定位——你所提供的产品或服务

无法进行下去的创业通常是没有好的项目，并且辨识度不高。在当前 IP 大爆发的背景下，创业产品若想突围，就要提早规划卖点，寻找市场空白以求创新。

好的价值主张直指客户痛点。因此，产品需要把价值主张打磨得非常尖锐，即使可挑选的市场非常小，也要成为首屈一指的产品，形成碾压性的优势。

例如，MOOC（慕课）作为知识付费平台，需要进行非常微小的调整才能形成差异化优势，因为知识获取本身就是高度个性化的，只有进行好的价值定位，观众收看时才会觉得物有所值。

3. 用户获取渠道——分销路径及商铺

渠道通路瞬息万变，下面将以 B2C 与 B2B 两种模式介绍渠道通路的选择。

对 B2C 业务而言，常见的渠道通路有 3 种：自营店面、自有电子渠道（App、微信、自助 ATM 等）、社会渠道（例如"得到 App"等）。

B2B 则对不同客户类型实施不同的策略：对大型客户采用大客户经理制；对中型客户采用大客户经理一对多的形式；对于小型客户则通过合作伙伴、代理商渠道等获取消费者信息。

4. 客户关系——你想与目标用户建立怎样的关系

客户关系常见的类型包括以下 5 种。

- 个人助理：例如未来的电冰箱能够通过技术升级成为每个家庭的"管家"。
- 顾问、教练：例如咨询公司为客户提供顾问服务。
- 专属会员。
- 众包众创：例如"猪八戒网"。
- 社群。

5. 收益流

每家创业企业的盈利模式不同，盈利模式的要素如图 7-2 所示，而一家企业的盈利模式就是这些要素的组合。

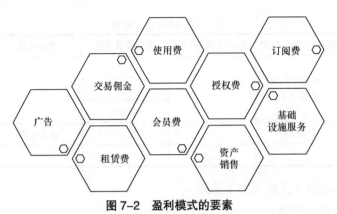

图 7-2　盈利模式的要素

6. 核心资源——资金、人才

资源类型：人力、资金/信用资源、数据资源、渠道资源、知识或 IP 资源、品牌、生产线、原材料、合作伙伴等。

7. 催生价值的核心活动——市场推广、软件编程

关键业务是企业必须做的最重要的事情之一。不同类型的企业需要考虑的关键业务不同，可以是产品开发、客户服务、创新、平台运营、技术研发、融资、团队招募能力的提高、客户关系与合作、客户洞察与商业反思等。

8. 重要合伙人

重要合伙人构造块用于描绘让商业模式有效运作所需的供应商与合作伙伴的网络。常见的合作伙伴关系如图 7-3 所示。

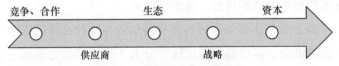

图 7-3　常见的合作伙伴关系

9. 成本架构

上述各构造块的维护费用。

二、精益创业画布

与商业模式画布相比，阿什·莫瑞亚的精益创业画布完全是为创业者量身打造的，该画布使创业者通过遵循精益创业的准则，快速验证他们的商业构想。

创业画布对早期创业者来说是一个非常有效的工具，它融合了创业想法与商业模式。早期的创业者应找到一个市场的切入点，找到产品或者服务的核心价值和竞争模式。而创业画布就是通过这样一种非常聚焦和精练的方式找到了创业项目准确的切入点、价值

定位、清晰的商业模式和竞争业务。精益创业画布见表 7-1。

表 7-1 精益创业画布

客户洞察	需求/问题/机会	解决方案/产品	战略价值定位	竞争优势	战略目标
目标客户/种子用户	痛点替代方案/竞争对手		渠道		战略举措
			传播点		
成本结构			收入来源		

精益创业画布的十大模块如下所述。

模块一：客户的洞察。

定位目标客户群非常复杂，不同的目标客户群会有不同的方向和目标。这个目标和方向一旦存在差别，会对产品的设计、团队的运营能力及团队建设产生不同的影响。

因此，我们首先应当了解目标客户群的定位，才能确定要做的是一个全客户市场的项目还是一个垂直客户市场的项目。

说说看

目标客户群是否只有一个？

在目标客户群的定位过程中，可能不只有一个目标客户群。当有不同的目标客户群时，在产品设计和价值定位上就要设置针对不同诉求点的解决方案。

模块二：在客户群中发现的机会、需求或痛点。

当目标客户群确定后，还要知道目标客户群到底存在什么样的需求，找到这种需求就找到了切入市场的机会。客户端的需求通常分为 3 类，即核心需求、痛点和机会。需求特点如图 7-4 所示。

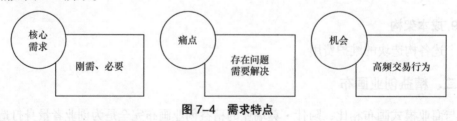

图 7-4 需求特点

模块三：解决方案是什么。

针对目标客户群体的需求，要给出什么样的解决方案？为此，我们需要做一个 Model View Presenter 的产品负责逻辑处理（Model 负责提供数据，View 负责显示）。该产品不需要非常完善，但要能解决目标客户群体的核心需求和痛点。这个产品只要符合基本需求、具备核心功能,就可以拿去给用户测试。

模块四:核心的价值定位

所谓价值定位,就是把产品传递给用户,使用户形成对这个产品的认知。如果客户对该产品缺乏清晰的认识,那么这个产品的定位就是有问题的。

说说看

广告语"怕上火"会使你联想到哪个品牌?你还能想到其他符合该产品定位的广告语吗?

核心价值定位还有一个作用就是用于区分竞争产品,获得独有的竞争优势。因此,做产品一定要在用户心中留下深刻的印象。

 强化训练

沙盘 ERP 练习

ERP 模拟沙盘是针对先进的现代企业经营与管理技术工具——ERP 而设计的角色体验的实验平台。模拟沙盘根据制造企业的职能部门划分了职能中心,包括营销与规划中心、生产中心、物流中心和财务中心。

根据图 7-5 中的角色进入企业沙盘实战训练。

图 7-5 企业沙盘实战训练的角色

小故事

几年前,京东与天猫的竞争非常激烈,但是京东在用户心中有一个核心的价值点,就是它的物流。京东的"当日达"给用户带来的价值推动其市场竞争力的形成。

模块五:竞争优势。

竞争优势是指这个产品或业务或这家公司未来的核心竞争力,这要求创业者、创业公司做好未来 3~5 年的产品规划,考虑产品的核心竞争优势是什么。产品的竞争优势一般体现在以下 3 个方面。

第一,品牌、技术或者拥有的专利。

第二,低价,例如美国的 Costco 超市就是以低价位被消费者接纳且喜爱的。

第三，打造的一些核心优势，特别是互联网公司的网络效应，就是一个核心的竞争品。

模块六：与客户互动的渠道。

与客户互动的渠道是指怎样把产品的使用功能和核心价值定位传递给目标客户群，传递的渠道包括售前、售中和售后。售前是如何做市场推广的，是在线上做还是在线下做？售中是采用什么样的销售模式，是自己销售，还是通过合作伙伴或者某渠道销售？售后是如何满足用户诉求的？

模块七：收入结构模式来源。

收入结构模式来源是指业务的盈利模式。初创企业一定要想清楚盈利模式，即使今天无法盈利，也一定要清楚在未来的哪个时间点通过什么样的方式盈利。

这个盈利模式包括自我定价模式，指产品的价格是多少。在定价时会用不同的定价模式，例如成本定价法，或者通过消费者的认知定价，需要计算设定的价格能否实现盈利。

🔍 **小故事**

　　星巴克的产品就是根据消费者的认知来定价的，可能一杯咖啡的成本很低，但在消费者的心目中其定价可以达到 30 ～ 40 元，这就是消费者的认知对定价所产生的影响。

还有一种定价方法叫动态定价法，例如一些商家会根据不同的需求调节定价。

模块八：成本模式来源。

这个项目到底需要花多少钱？这些钱怎么花？如何融资？

以上这些问题都需要在财务预测的报表上有清晰的体现。

模块九：战略目标。

近一年或者近 6 个月的目标是什么，要达到什么样的财务目标或者指标，例如用户数量、活跃数量等。这些数据可用于指导企业在短期内的一些行为。

模块十：战略举措。

战略举措即关键的任务。如果要达到该目标，产品部门、技术部门、财务部门以及其他部门要做哪些工作。

如果以上 10 个模块都能找到明确的答案，创始人与团队能够清晰地表达和沟通，那么这条创业道路就是比较清晰的，创业的成功率也相对较高。

小贴士

① 画布诊断的关键：发现因素之间不匹配的要素。

② 常见的不匹配的情形：关键业务和核心资源不匹配、价值服务和客户群体不匹配、

渠道通路和客户群体不匹配。

三、战略示意图

（一）战略示意图

战略示意图如图 7-6 所示。

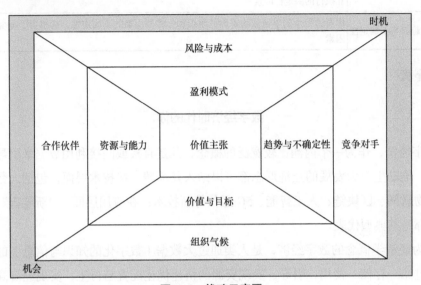

图 7-6　战略示意图

（二）战略示意图模块

战略示意图模块见表 7-2。

表 7-2　战略示意图模块

序号	因素	描述
1	资源与能力	你有什么？你擅长什么？什么使你独一无二？这相当于商业模式画布的核心资源和核心活动
2	合作伙伴	你和谁合作？谁使你的产品和服务更有价值？这相当于商业模式画布中的重要伙伴
3	客户与需求	对于你服务的组织与群体，你可以满足他们的何种需求？这相当于商业模式画布和精益画布中的客户细分
4	竞争对手	你的客户会比较并且决定是否购买你的产品和服务。这个因素不存在于商业模式的画布中，而是环境地图的一部分，也是你开展商业运作的背景。在商业模式画布中，这点被列为竞争优势
5	价值主张	你提供什么样的产品和服务？你通过什么方式提供？你的产品对消费者的价值是什么？这个因素包含在所有的模式中。商业模式画布的渠道和客户关系被包含在这个因素中，对于精益画布，解决方案包含在这个因素中
6	盈利模式	你收取什么作为服务的回报？从谁身上收取？怎样收取？何时收取？这个因素包含在所有的模式中
7	风险与成本	你承担什么样的风险以及你如何管理这些风险？成本包含在所有模式中，但是风险是该模式独有的

（续表）

序号	因素	描述
8	价值与目标	你想要什么？你想要达到什么目标？你认为什么最重要？这是其他模式没有考虑过的因素
9	组织气候	组织的文化和结构是什么？它们有什么特别之处？这是一个新因素，但与总体策略相关，为你工作的人的心态，以及他们工作的组织结构和文化环境是一个非常重要的关乎决策和执行的决定性因素
10	趋势与不确定性	你身边发生的事情影响着你的组织和你将要面临的不确定性，这相当于环境地图中的因素

拓展补充

数字经济时代的你

数字经济，作为一个内涵比较宽泛的概念，凡是直接或间接利用数据来引导资源发挥作用，推动生产力发展的经济形态都可以纳入其范畴。在技术层面，包括大数据、云计算、物联网、区块链、人工智能、5G 通信等新技术；在应用层面，"新零售""新制造"等都是其典型代表。

作为经济学概念的数字经济，是人类通过大数据（数字化的知识与信息）的识别—选择—过滤—存储—使用，引导、实现资源的快速优化配置与再生，实现经济高质量发展的经济形态。数字经济不等于虚拟经济，关于数字经济的通俗说法是"数字产业化"+"产业数字化"。发展数字经济最主要的目的之一，是实现产业智能化。

（一）数字经济时代大学生应具备的基本创业素质

大学生思维敏捷、接受能力强、反应快，能够举一反三，自信心强，对新事物的接受能力强且具有强烈的认同感和兴趣。因此，运用数字经济进行创业已成为大学生创新创业的首选。数字经济技术已经显示出强大的创新能力，它能够在销售过程中快速找到消费者的需求痛点，具有高频次资源调配、延展性强等特点，如今已拓展出多种网络销售渠道。在数字经济创业大潮中，大学生在创业前期的准备过程中应该掌握一些新技术，掌握数字经济运营与推广运用，可以从"小、精、深"做起，快速深耕当前市场并找到适合自己企业的想法。

1. 增强大学生的心理承受力

在目前的社会环境下，通过数字经济自主创业已经成为大势，但是对于大学生而言，一没有创业经验，二没有创业资金，很多时候失败也成了必然。很多大学生盲目地创业，最终的结果是没有坚持多久就以失败告终。不可否认，在创业失败后，大学生的激情与自信心将会受到很大的打击，可能也会选择在以后的学习和生活中避免走上创业的道路。所以，在对大学生进行创业培训的课程体系中，应开展挫折教育，告诉他们要想清楚在创业失败以后应当怎么做，而不是因为一时兴起便漫无目的地"自主创业"。可以通过情景模拟，使学生在情境中经历挫折和失败，增强学生的意志力及心理承受力。

2. 加强大学生的创新意识与能力

创新是创业的基础与根本，许多企业的成功源于技术创新。根据互联网上著名的"721定理"，排名第一的企业占市场上70%的盈利份额，排名第二的企业占市场上20%的盈利份额，排名第三的企业占市场上10%的盈利份额，一家独大、两家残存的局面说明了"互联网+"时代的残酷性。面对创业机会，大学生应当充分了解互联网产品设计和商业模式。目前，"轻创新""微创新"已经成为新的潮流。如何做到"小应用、富商圈、大生态"，将是目前大学生需要了解和掌握的基本创新思路。

3. 拓展大学生的创业融资思路，多渠道筹集创业资金

增强创业成功率和抗风险能力是大学生创业初期的一个难题。大学生在筹集创业资金的过程中，创业老师应当在创业初期就如何合理筹集资金、如何低成本筹集资金等问题给予学生一定的启发，使之能够更多地了解政策和集资渠道，以合理利用资源并获得政策扶持。随着国家对大学生创业扶持力度的不断加大，各级政府都出台了多项大学生创业的贷款优惠政策。目前，风险投资这种投资方式对于大学生创业者来讲，是一个很好的创业融资方式，即使失败，大学生也不会背上沉重的债务。风险投资青睐于科技含量高、市场前景广阔并有一定创新意识的创业项目。

4. 组建一个好的创业团队

一个好的创业团队应该至少有一个首席技术官（CTO）、一个产品经理（PM）以及一个运营经理（COO）。团队中的每个成员都能够为这个团队做出贡献，在团队领袖的带领下，团队成员协同工作，积极向上地朝着一个目标努力拼搏。

（二）数字经济时代背景及概念

当前，全球经济呈现数字化特征，人类社会正在进入以数字化为主要标志的新阶段。数字经济已经成为世界经济的主要经济形态，也成为推动我国经济社会发展的核心动力。

新一代ICT技术进入大规模应用的成熟期。信息通信技术经过几十年的发展进入了大规模扩散应用的成熟期，5G、云计算、大数据、物联网以及人工智能等新一代信息技术与社会经济各产业的融合不断深化，有力推动着各产业数字化、网络化、智能化发展进程，成为世界经济社会发展变革的强大动力。

数字经济加速变革传统经济成为主要经济形态。当今世界，已经进入互联网、大数据、人工智能和实体经济深度融合的阶段，数字经济发展和传统经济形态发展正呈现"新旧交织、破立并存"的形态，数字经济正在加速传统经济模式变革，成为推动世界经济社会发展的核心动力。

数字经济已成为我国经济发展的核心引擎。数据已成为激活资金、培育人才、推动产业升级和经济增长的关键要素，以5G、工业互联网、人工智能、云计算为代表的数字新基建正加快部署建设，数字生产力逐渐形成，数字经济已成为新时代经济发展的新动能和转型发展的主抓手。

数字经济主要有以下3个特征。

数据成为关键生产要素。数字经济首先是数据经济，数据是数字经济的第一要素。人类社会利用实时获取的海量数据，其中包括主体数据、行为数据、交易数据、交往数据来组织社会生产、销售、流通、消费、融资、投资等活动，数据成为经济活动的关键生产要素。

互联网改变了生产关系。数字经济是网络经济，互联网是数字经济的基础载体。数字经济的基础设施包括数据的采集、传输、处理、分析、利用、存储、设施与设备等，还有移动互联网、物联网、云计算与存储能力、计算机尤其是移动智能终端，以及将其连接在一起的软件平台。

人工智能极大地提升了生产力。数字经济是智能经济，人工智能让数据处理能力得到指数级的增长。通过"人工智能+算法"驱动，实现了各领域应用的数字仿真、知识模型、物理模型等和数据模型融合，实现跨界创新和智能服务，极大地提升了社会生产力。

（三）知晓"互联网+"思维

你真的懂互联网思维吗？很多人还是用传统思维去经营互联网，例如，某企业开发了一款微信小程序，通过互联网增加了自己产品的销量。商业模式的本质并没有改变，仍然是靠销量变现以及赚取其中的产品差价，只是增加了其推广产品的渠道。要想有质的突破，必须具备以下三点互联网思维，如图7-7所示。

图7-7 互联网思维

1.用户思维

如今你会发现，用百度搜索引擎、用微信聊天、用地图导航等都不用支付相关费用，但是这些平台是盈利的。因为对于互联网公司来讲，大多数平台就没想过从用户身上直接盈利。相反，为了鼓励用户使用其平台，有些互联网公司还"狂砸"红包给用户。因为对于互联网公司而言，广告收益才是其不菲的收入。

2.平台思维

这里以实体的平台思维为例。例如，京东商城并不生产电器，却是卖电器的平台，其具体盈利模式就是收取入驻商家的租金（也可以叫入驻费），同时收取入驻商家的交易佣金，此外还能获取部分广告收益。平台思维有三大优点。第一，风险小。例如，入驻的某品牌受外部环境的影响，市场份额下降，销量下降，但是对品牌的影响很小，租金正常收，只是交易佣金少了一部分而已。第二，收益高。因为可以收取租金和交易佣金，同时还能收取广告费。第三，成本低。因为只需要提供平台，生产、销售等基本不用管。所以平台思维是互联网思维的极致。那么互联网平台思维怎么运用呢？首先要搭建平台，这个平台可以是 PC 网站，可以是 App，也可以是微信商城或者小程序。有了平台还要有品牌，创业者需要把平台的知名度提高，同时专注于某一垂直领域。例如，做外卖的就专注做外卖，卖水果的就专注卖水果。在平台刚开始运营时，切忌业务范围过大，否则很难成为专业领域的品牌。

3. 跨界思维

在互联网领域，阿里巴巴刚开始是做电商的，腾讯是做即时通信的，百度是做搜索引擎的，但是这些企业一旦有了用户群体做支撑，就开始发展增值服务。跨界投资必须建立在平台用户群体稳定的基础上。例如，校园 O2O 超市宅米刚开始只是提供休闲零食服务，当用户上涨且稳定后便开始提供打印等服务。

（四）数字经济时代团队

从一定程度上说，创业是生动的，具有情境依赖性，它并非像教科书所传播的知识那样约定俗成的。环境和创业成败的不确定性共同决定了越来越多的新创企业自创业之初就要思考如何组建创业团队的重大现实课题。在组建创业团队时，应首先解决以下 3 个彼此关联的问题。

第一，"我是谁"。企业家不是天生的，企业家精神是可以后天培养的。致力于创业的年轻大学生，一定要清醒地认识到"我是谁"。关于"我有创业者的天赋吗""我会是创业者吗""我能成为成功的创业者吗"等问题的答案，本身就具有动态性。

第二，"我认识谁"。创业者利用其自身的人际社会网络，可以在更大的范围内进行资源配置，进而提供修正和完善创业方案的机会。再优秀的创业者也不可能同时拥有创业所需的全部资金、研发技术、管理能力和营销技巧。所以，创业者要尽可能多结识一些对创业感兴趣的朋友和一些能够指导创业的导师。

第三，"谁是最佳搭档"。与一般意义上的群体概念不同的是，创业团队可以存在人口特征变量（例如性别、年龄、学历等）上的差异性。

与传统经济相比，数字经济是信息技术革命的产业化和市场化，是新一代信息技术在经济活动中的扩散、应用和引发一系列以大数据处理为主要特点的新产业、新业态、新商业模式。数字经济在生产要素、生产关系和生产力方面都发生了变革。在数字经济中，数据已经成为关键生产要素，网络基础设施构成了新的生产关系，而云计算、大数据、人工智能已经成为数字经济的重要生产力。

一是数字化。数字化就是把社会经济活动通过信息系统、物联传感、机器视觉等各类数字化的方式进行抽象，形成可记录、可存储、可交互的数据、信息和知识，在这个过程中，数据已经成为新的生产资料和关键生产要素。

二是网络化。网络化就是将这些已经抽象的数据、信息、知识，通过互联网、物联网等网络载体进行自由流动、无缝对接和全面融合，网络化极大地改变了传统的生产关系。

三是智能化。智能化，就是利用IT系统、大数据、云计算、人工智能等先进的信息通信技术，让数据的处理效率更高、处理能力得到极大提升，让社会经济活动效率快速提升，让社会生产力得到指数级的增长。

思考练习

1. 创业者应该具备哪些素质？

强烈的创业精神：创业需要强烈的创业精神，要有勇气面对创业过程中的各种挑战和困难，不断追求成功和成长。

良好的沟通能力：创业者需要具备良好的沟通能力，能够与团队成员、合作伙伴、投资人等进行有效的沟通和协作。

敏锐的市场洞察力：创业者需要具备敏锐的市场洞察力，能够及时掌握市场动态和趋势，以及客户需求和反馈，从而调整产品和服务。

较强的领导能力：创业者需要具备很强的领导能力，能够处理各种问题和挑战，带领团队不断前进和成长。

不断学习和创新：创业者需要具备不断学习和创新的精神，能够不断学习新知识、新技能，探索新的业务模式和机会。

诚信经营：创业者需要遵守商业道德和法律法规，坚持诚信经营的原则，树立良好的企业形象和信誉。

善于团队合作：创业者需要具备团队合作的能力，能够与团队成员共同应对挑战和解决问题，建立高效、专业的团队。

坚定的意志和心态：创业者需要具备坚定的意志和心态，能够应对创业过程中的各种困难和挫折，保持积极向上的心态。

财务管理能力：创业者需要掌握基本的财务管理知识，能够有效地管理公司的财务，确保公司的财务状况健康。

热爱自己的事业：创业者需要热爱自己的事业，对事业充满热情和激情，不断追求事业的发展和成功。

2. 如何发现商业创意？

从消费者需求出发：了解消费者的需求，观察他们的行为和习惯，从中寻找商业机会。例如，看到消费者在排队等待时使用手机，可能会想到开设手机充电站或提供免费Wi-Fi等服务。

借鉴其他行业：观察其他行业的成功案例，从中汲取灵感并应用到自己的行业中。例如，将互联网行业的用户反馈机制引入传统行业，建立消费者与商家的沟通渠道，提高服务质量。

利用技术进步：关注新技术的发展和应用，从中寻找商业创意。例如，利用人工智能技术提供个性化推荐服务，或者利用区块链技术建立更安全、透明的交易平台。

解决痛点问题：观察生活中或行业中的痛点问题，尝试提出解决方案并将其转化为商业机会。例如，针对城市交通拥堵问题，可以开发智能交通系统或共享出行平台。

跨领域合作：不同领域的专业知识和技能可以相互碰撞并产生新的创意。例如，将艺术和科技相结合，开设科技展览或创意工作坊，可以为消费者提供全新的体验。

基于数据进行分析：收集和分析消费者、市场、行业等数据，从中发现趋势和机会，指导商业决策和创新。例如，利用大数据分析消费者的购买行为和喜好，为其推荐更符合个人喜好的产品和服务。

关注市场空白：寻找未被满足的市场需求或消费者群体，尝试提供相应的产品或服务。例如，针对特定群体提供定制化服务或产品，或者在偏远地区提供便捷的物流服务等。

接受失败并从中学习：不要害怕失败，将失败视为学习和成长的机会。从失败中吸取教训，不断尝试新的创意和方法。

保持好奇心和开放心态：保持对新鲜事物的好奇心和开放心态，不断探索和学习新的知识和技能，这有助于发现更多的商业机会并灵活应对市场变化。

与他人交流和合作：参加行业会议、研讨会或加入行业组织等，与其他专业人士交流并分享经验。与他人交流和合作可以激发新的想法和创意。

上述经验，你觉得如何？

进阶提升

提升创业能力

创业能力的培养，是一个比较有挑战性的话题，需要大家从以下几个方面，认真思考和总结。

1. 刻苦学习相关知识

知识可以促进能力的发展。任何能力的形成和提高都是在掌握和运用知识的过程中完成的，创业能力也不例外。在学习的过程中，我们应认真思考，汲取前人的经验，同时锻炼自己综合分析问题的能力。创业能力的综合性很强，其中包括管理能力、组织协调能力、创造能力、经营能力、语言表达能力、判断能力、公关能力、应变能力、分析问题和解决问题的能力、把握机遇的能力、谈判能力、心理调适能力等。同时，我们要把 4 个"学会"作为开启未来人生大门的 4 把"钥匙"。4 个"学会"即"学会认知""学会做事""学会共同生活""学会生存"。"学会认知"是教人掌握认知的方法，学会学习的方法、手段，培养人发现问题、分析问题和解决问题的能力；"学会做事"是培养人的创新能力、应变能力和驾驭处理复杂突发事件和危机的能力；"学会共同生活"是要培养人的团结协作能力和团队精神，培养人的竞争意识和管理能力；"学会生存"是要不断增强人的自主性、判断力和个人的责任感，培养人的交际能力、语言表达能力、判断能力等。我们要主动树立 4 个"学会"的意识，提高创业能力，从而使自己在创业时"走得出""站得住""干得好"。

2. 尽早培养创业意识

我们应有意识地培养自己的能力，锤炼自己的胆量，同时培养自己的创业人格、创业者思维和创业意识与技能。一个人要迅速提升自身素质和能力是不现实的，知识、能力、素质的提高需要长时间的锻炼和积累。然而，创业机会稍纵即逝，创业者必须能够紧紧抓住机遇。同时，多结交"顾问型"的朋友，也会为创业助力不少。

3. 积极参与创业实践

通过各种渠道积极参加实践活动，培养自己的创业能力是关键。实践是提高创业能力的唯一途径。创业能力的形成和提高必须在实践中才能实现。创业者应根据自身和专业特点，在培养自己强烈的创业意识、认真学习专业文化知识的基础上，积极参与创业实践活动。

首先，利用空闲时间进行尝试性的实践活动。例如和家人、朋友或同学共同进行实践性商业活动，也可通过独立投入一点资本进行经营活动、参与家庭或他人的创业活动、到企业实习等方式参加创业实践的情景模拟，体验有关的创业活动，例如应聘雇员的面试、产品推销等。

其次，在实习期间进行创业实践训练。进入创业启动阶段后，可以单独或与同学轮流租赁或承包一个小店铺，提供修理、销售等服务，在真正的创业实践中提高自己的创业能力。实习期间，不仅要训练提高自己的专业技能，更要有意识地观察、培养经营管理方面的技能，以及营销方面的技巧。

最后，大学生平时还可多与有创业经验的亲朋好友交流，或向一些专业机构咨询。这些"过来人"的经验之谈往往比看书的收获更大，大学生可以通过这种人际交往直接获得创业技巧与经验。这些活动成为大学生步入社会大课堂的第一步，在参与实践的过程中，既为将来开展创业活动积累了经验，也培养了其分析问题和解决问题的能力、组织协调能力、管理能力、应变能力、语言表达能力等，还有利于增强其创业意识和创业热情。

4. 把握创业的关键要素

创业路上荆棘密布、困难重重。如果我们选择创业的话，需要注意什么？在创业前期我们需要了解哪些创业的关键要素？创业的关键要素主要包括创业者、商业机会、技术、资源、资金、人力资本、组织、产品服务等方面，准确把握创业的关键要素对成功创业意义深远。下面，让我们一一解读吧。

创业者是创业过程中处于核心地位的个人或团队，是创业的主体。创业者在创业过程中起着关键的推动和领导作用，创业者的素质和能力是创业成功的第一要素。

商业机会是创业的核心要素。创业首先从发现和识别商业机会开始，商业机会就是创业机会。商业机会的捕捉和选取，可能会直接影响创业的成败。

技术是企业产品或服务的重要基础。产品与服务中的技术含量及其所占比例，是企业长期满足社会和市场需求的动力源泉，更是企业核心竞争力的重要体现。

资源是创业中的各种投入，主要包括各种人、财、物、时间、信息等方面。资源不仅指有形资产，例如厂房、机器设备等；也包括无形资产，例如专利、品牌；还包括个人资源，例如个人技能、经营才能，以及类似信息、情感支持、金融资本等社会网络资源。创业者不可能拥有创业过程中所需要的全部资源，整合资源的能力和在资源匮乏的情况下成功创业是对创业者素质的极大挑战。

资金对处在不同发展阶段的成长型企业来说是非常重要的。在企业快速发展时期，资金的缺口将限制企业的发展壮大。在创业初期，企业的发展资金主要靠创业者筹措。当然，充分利用国家融资政策、获取必要的企业发展资金也是创业资金的重要来源之一。

人力资本是创业企业的宝贵资源。逐步建立一支高水平、富有战斗力的创业核心团队，设计符合创业企业生命周期特点的组织结构和制度文化，是创业企业的核心工作。

组织是协调创业活动的系统，是创业的载体，是资源整合的平台。创业型组织的显著特征是它还不具备完型组织的详尽特征。从广义上来说，创业型组织是以创业者为核心形成的关系网络，不仅包括新设组织内的人，还包括这个组织外的人或组织，例如顾客、供应商和投资人。

产品和服务是创业者获取利润、创造个人财富、实现人生价值的直接载体。离开了产品和服务，创业就无从谈起。

一、融资

（一）大学生如何申请创业贷款

大学生创业贷款是国家给大学生提供的创业优惠措施。为支持大学生创业，各级政府出台了许多优惠政策，涉及融资、开业、税收、创业培训、创业指导等方面。是指具有一定生产经营能力或已经从事生产经营活动的个人，因创业或再创业提出资金需求申请，经银行认可和有效担保后而发放的一种专项贷款。

符合条件的借款人，根据个人的资源状况和偿还能力，最高可获得单笔50万元的贷款支持；创业达到一定规模或成为创业之星的创业者，还可提出更高额度的贷款申请。创业贷款的期限一般为1年，最长不超过3年；为了支持下岗职工创业，创业贷款的利率可以按照人民银行规定的同档次利率下浮20%，许多地区推出的下岗失业人员创业贷款还可以享受60%的政府贴息（根据各地方政策的不同及每年政策的调整，上述内容会有变动）。

1. 工具／原料需要准备的材料

（1）普通高校毕业生自主创业申请审批表。

（2）毕业证原件及复印件。

（3）本人身份证原件及复印件。

（4）证件照两张。

（5）本人档案需要移交人事局毕业办。

2. 申请条件

（1）大学生创业贷款申请者年满十八周岁，具有合法有效身份证明和贷款银行所在地的合法居住证明，有固定的住所或营业场所。

（2）大学生创业贷款申请者持有工商行政管理机关核发的营业执照及相关行业的经营许可证，从事正当的生产经营活动，有稳定的收入和还本付息的能力。

（3）大学生创业贷款申请者投资项目已有一定的自有资金。

（4）大学生创业贷款的用途须符合国家有关法律和银行信贷政策的规定，不允许用于股本权益性投资。

（5）在银行开立结算账户，营业收入经过银行结算。

3. 方法／步骤

申请创业贷款的步骤如图7-8所示。

申请 ➡ 初审 ➡ 复审 ➡ 担保 ➡ 审批 ➡ 放贷

图7-8　申请创业贷款的步骤

4. 注意事项

（1）创业知识的储备

大学生在市场开拓、企业运营方面的经验相当匮乏。因此，大学生在创业前要做充分的准备：一方面，大学生可以在企业实习，积累相关的企业管理和营销经验；另一方面，大学生可以参加创业培训，积累创业知识，接受专业指导，以提高创业成功率。

（2）资金的准备

没有资金，再好的创意也难以转化为现实的生产力。在获取资金前，大学生首先要明白自己需要多少资金，如何获得资金，以及资金的来源渠道。创业者必须具备一定的商业概念，是选择债权作为资金来源还是选择股权作为资金来源，这些基本问题将初步决定创业能否成功。大学生要开拓思路、多渠道融资，除银行贷款、自筹资金、众筹等传统途径外，还可以充分利用风险投资、创业基金等融资渠道。

（3）技术和兴趣

用智力换资本是大学生创业的特色之路。一些风险投资家往往看中大学生掌握的先进技术，而愿意资助其创业。因此，打算在高科技领域创业的大学生一定要注意技术创新，开发具有独立知识产权的产品，吸引投资商投资。

（4）个人能力

创业是一个由简入繁的过程，如果缺乏对市场的判断力，大学生就应该从简单的市场做起，积累经验。要想创业获得成功，大学生创业者除了具备很强的执行能力，还要具备基本的商业能力。

如今的创业市场虽然商机无限，但对资金、能力、经验有限的大学生创业者来说，并非"弯腰就能拾到地上的财富"。在这种情况下，大学生创业者只有根据自身特点，找准方向，才能闯出一片真正属于自己的新天地。

（二）大学生创业融资问题

大学生创业者要想凭借自己的技术或创意获得应有的回报，就必须解决好融资问题。

首先，在制定融资方案前，大学生创业者要准确评估自己的有形和无形资产的价值，千万不要妄自菲薄，低估了自己的价值。

其次，在融资的过程中，大学生创业者要做好融资方案的选择。国内的融资渠道种类较多，包括合资、合作、外资等融资渠道，以及银行及金融机构贷款、政府贷款、风险投资、发行债券、发行股票、转让经营权、建设—经营—转让（Build—Operate—Transfer，BOT）融资等。多渠道融资可以有效降低融资成本，提高效率。通过上述途径得到的发展资金可以分为两类：资本金和债务资金。债务资金（例如银行贷款等）不仅不会稀释创业者的股权，而且可以有效分担创业者的投资风险。

再次，如果采用出让股权的方式进行融资，则必须选择好投资人。建议大学生创业者一定要大量收集与整理融资市场的信息，在掌握大量情报资料的前提下做出最优的选择。

最后，创业不仅是实现理想的过程，也是使投资者（股东）投资保值增值的过程。创业者和投资者是一个事物的两个方面，大家只有通过企业这个载体才能实现"双赢"的目标。

小贴士

融资时需要提前规划，写创业融资计划书。

投资融资管理

1. 活动时间：60分钟。
2. 活动准备：多媒体设备、音响器材、大富翁游戏道具。
3. 游戏规则
（1）8～9人一组，按照大富翁游戏的规则进行。
（2）指定一名观察记录员，负责监督游戏的全过程，保证学员遵守游戏规则。
4. 总结
游戏结束后，请各组获胜者谈谈感受和秘诀，谈谈游戏中投资融资的得与失。

二、资本效应

（一）创业资本——大学生创业的"第一桶金"创业路

顾十三的"第一桶金"

一直想创业的顾十三除了每个月的生活费和投稿所赚的稿酬外，没有一点儿钱可用来投资。租办公用地和购置设备需要一笔启动资金，虽然几个同学可以帮他凑出来，但他还是一筹莫展。在坐公交车回学校的路上，他看见公交车座位上的广告突发灵感。他想到学校要开运动会了，全校师生都会参加，运动场上每天的人流量多达几万，一张A4纸大小的广告宣传单可以同时刊登很多家公司的广告，收入保守估计可达万元以上……就这样，在运动会结束后，顾十三获得了第一笔启动资金。看着新买的办公设备，顾十三信心满满。不仅如此，他还拉到了几个固定商家，预约了后期的广告位。

1. 寻找投资人

寻找合适的投资人并让双方互相认可是一个漫长的过程，不要为了钱而过度担忧，因为这需要耐心地寻找机会，也需要敏锐地洞察市场。

2. 从"小"开始，积累资金

一份传单很小，但如果发现商机，它带来的就是你的第一桶金。"不积跬步，无以至千里"，在积累财富的过程中，不要小看任何一笔资金和资源。特别是在创业中，小创意、小工具往往会带来意想不到的效果。

3. 申请投资基金

"双创"政策给大学生创造了很多便利的条件，现在很多投资基金对大学生的创业项目比较青睐。尽管如此，大学生仍然需要做好规划。

（二）创业心理资本

除了影响大学生创业的人力资本、经济资本和社会资本 3 个因素外，心理资本对大学生的创业意识有何影响？本节就心理资本的 4 个要素：自我效能、乐观、希望和韧性对大学生创业意识的影响进行探讨。

1. 心理资本的概念和构成

心理资本的概念最早出现在经济学领域。1997 年，戈德斯密斯提出心理资本是影响个人绩效、反映个人自我观点或自尊感、可支配个人动机的工作态度方面的特征。2004 年，豪森提出，心理资本不仅指个人先天具有的一些心理特征（例如个性品质、认知能力等），还包括个人通过学习等途径形成的相对稳定的心理内在基础架构。该观点将心理资本看作先天具有和后天努力共同作用的结果。随后，卢坦斯从积极组织学的角度出发，将心理资本的定义修订为个体在成长和发展过程中积极的心理状态，其具备 4 个特点：一是面对充满挑战性的工作，有信心付出必要的努力获得成功（自我效能）；二是归纳总结现在和未来成功的积极原因（乐观）；三是锲而不舍地追求目标，并在必要时调整实现目标的途径（希望）；四是在遇到困难和逆境时，能够持之以恒，迅速恢复并超越，以取得成功（韧性）。卢坦斯认为，心理资本建立在人力资本（你知道什么）和社会资本（你认识谁）现有理论和研究的基础上，并且超越了人力资本和社会资本，关注"你是什么样的人"。其影响远远大于人力资本和社会资本，成为企业获得竞争优势的重要因素，这也正是我们研究大学生创业，把心理资本作为研究对象的主要依据。

2. 心理资本对大学生创业意识的影响

（1）自我效能对大学生创业意识的影响

创业不可能总是一帆风顺的，在过程中可能会遇到各种困难。对还未步入社会的大学生而言，这种未知和挑战足以磨灭创业志向和热情。研究发现，大学生的自我效能对大学生的自主创业倾向有正向影响，这表明喜欢挑战并有信心完成一件未知事情的大学生创业成功率更高。个体自我效能感的强弱影响个体创业意识的形成，两者之间存在因果关系。大学生如果具有"我一定能创业""我创业一定能成功"的坚定信念，其创业意识必然强烈，创业成功的可能性更大。

自信心建立在充分客观评价自己的基础上，盲目乐观、自以为是地相信自身的潜力、没有自知之明或者一味地轻视自己、妄自菲薄均不利于创业者自信心的建立。大学生要客观、清醒、全面地评价自己，要认识到创业的艰辛，有信心挖掘自身的潜力。为此，大学应开设各种类型的创业课程并积极邀请创业成功的校友、企业家进校园讲座，使大学生了解创业，并在课程中获得与创业有关的知识，增强自我效能。

（2）乐观对大学生创业意识的影响

乐观是心胸宽广、豁达的体现。即使遇到挫折和坎坷，看似山穷水尽，乐观者也不会绝望，他们会用"柳暗花明又一村"来激励自己，而悲观者在每次机会中看到的都是困难和危险，从而错失良机。当然，这里的乐观不是盲目乐观，不是自我陶醉，也不是不切实际的自我膨胀，而是一种积极心态，理智、客观地看待自己和目标之间的差距，然后全力以赴地去面对，想方设法地思考解决的策略。

根据韦纳的归因理论，人们对成功和失败的归因有3个维度：控制点（因素源），即自认为成败的原因是个人条件（内控）还是外在环境（外控）；稳定性，即影响成败的原因是暂时的还是稳定的；可控性，即影响成败的因素是不是个人能力控制之内的。韦纳认为，人们对成功和失败的解释会对以后的行为产生重大的影响。塞利格曼认为，乐观是一种归因风格，乐观主义者把失败归因于暂时的，把成功归因于长期努力的结果。众所周知，大学生在创业的过程中，必然会面对因经验不足、经济压力、学习与创业都需要花费时间而产生的矛盾，必然要承受各种压力。如果大学生在面对困难和挫折时，能够保持良好的正向情绪和积极乐观的心态，会更有信心地去面对创业过程中的各种挑战。

（3）希望对大学生创业意识的影响

希望是指个体即使处于逆境或面对困难时也能保持乐观，努力实施计划和目标的一种情绪体验。希望是以信任自己的能力为核心，能够帮助个体有效应对生活、学习、工作中的压力。大学生制订符合自身情况的近期目标和长远目标，不断挑战自我，努力克服各种困难，实现一个又一个目标。这些成功经验的积累必然让其看到希望，久而久之，这种希望的体验就会成为大学生稳定的心理资本。如果总是看不到希望，看不到自己的未来，必然会影响大学生创业的热情和信心。大学生只有树立明确的目标，无论对学习、对生活还是对创业、对未来都充满信心和希望，才有可能挑战自我，形成良好的创业意识。

（4）韧性对大学生创业意识的影响

韧性是指顽强持久的精神和坚韧不拔的意志，指个体在承受压力和挫折时，能调整自身、尽快复原的能力。有韧性的大学生不惧怕挑战，面对逆境和挑战时，能够及时调整自我，坚定不移地为目标的实现尝试不同的途径和策略，在一次次实践中形成积极的人生哲学。具有韧性的大学生知道自己在创业的过程中可能会遇到困难，也能客观分析并做好预测和防范，竭尽全力地寻求解决问题的方案。由此可见，韧性是大学生形成创业意识、敢于创业的力量源泉。

自我效能、乐观、希望和韧性，它们不是独立、各自发挥作用的，而是具有内在联系的整体，以协同的方式发挥作用。大学生心理资本的开发对其创业意识的形成具有积极的影响。

（三）卢坦斯心理资本量表

下面这些句子描述了你目前是如何看待自己的。请判断你是否同意这些描述的程度。

测一测

计分规则：

1表示非常不同意；2表示不同意；3表示有点不同意；4表示有点同意；5表示同意；6表示非常同意。

问题描述：

1.我相信自己能分析长远的问题，并找到解决方案。

2.与管理层开会时，在陈述自己工作范围之内的事情方面我很自信。

3.我相信自己对公司战略的讨论有贡献。

4.在我的工作范围内，我相信自己能够帮助设定目标。

5.我相信自己能够与公司外部的人（例如供应商、客户）联系，并讨论问题。

6.我相信自己能够向同事陈述信息。

7.如果我发现自己在工作中陷入了困境，我能想出很多办法。

8.目前，我正在精力饱满地完成自己的工作目标。

9.任何问题都有很多解决方法。

10.目前，我认为自己在工作上相当成功。

11.我能想出很多办法实现我目前的工作目标。

12.目前，我正在实现为自己设定的工作目标。

13.当工作遇到挫折时，我很难从中恢复过来，并继续前进（R）。

14.在工作中，我无论如何都会解决遇到的难题。

15.在工作中，我能独立应对。

16.我通常对工作中的压力泰然处之。

17.因为以前经历过很多磨难，所以我现在能挺过工作上的困难时期。

18.在我目前的工作中，我感觉自己能同时处理很多事情。

19. 在工作中，当遇到不确定的事情时，我通常期盼得到最好的结果。

20. 如果某件事情会出错，即使我明智地工作，它也会出错（R）。

21. 我对自己的工作，总是看到事情光明的一面。

22. 对我的工作未来会发生什么，我是乐观的。

23. 在我目前的工作中，事情从来没有像我希望的那样发展（R）。

24. 工作时，我总相信黑暗的背后就是光明，不会悲观。

其中，自我效能：1～6题；希望：7～12题；韧性：13～18题；乐观：19～24题。R代表该题需要反向计分。

三、商业计划书

从第一次参加学校的"双创"大赛，到公司运营，顾十三通过项目商业化路演不仅获得了各项比赛的大奖，还不断为公司争取了客户和投资。顾十三认为，无论是项目参赛还是项目竞标，其中有3个非常重要的环节：即项目、商业计划书和路演，当然还有后期的运作，环环相扣，而商业计划书是项目的灵魂。

那么，一份成功的商业计划书（BP）应包括哪些内容，又有哪些要求呢？

商业计划书是公司、企业或项目单位为了实现招商融资和其他发展目标，根据一定的格式和内容要求编辑的，向受众全面展示公司和项目目前状况、未来发展潜力的书面材料。

商业计划书是一份全方位的项目计划，其主要意图是使投资商能对企业或项目做出评判，从而使企业获得融资。商业计划书有相对固定的格式，它几乎包括反映投资商所有感兴趣的内容，从企业成长经历、产品服务、市场营销、管理团队、股权结构、组织人事、财务、运营到融资方案。只有数据丰富、体系完整、装订精美的商业计划书才能吸引投资商，让他们看懂企业项目的商业运作计划，使企业的融资需求成为现实。

商业计划书的质量对企业的项目融资至关重要，是创业者进入资本市场的第一块敲门砖。一份好的商业计划书能够指导创业者从创业到管理公司运作的每个阶段。商业计划书也是用来说服人们投资企业或者与企业一起工作的有效工具。撰写商业计划书并没有统一的规定，最重要的是企业的商业计划书能够满足自身的需要。

（一）商业计划书的主线和逻辑

商业计划书其实是创业者向投资人描述自己项目的一个逻辑呈现。

1. 封面

商业计划书正中间写项目名称，而不是公司名称，也不要写"商业计划书"。封面加上项目 Logo 和一句简介，基本可以说明项目是做什么的。

2. 市场

首先，介绍市场容量，90%的人会夸大项目的市场容量。例如，只是孕妇产后修复项目，描述的却是母婴市场的容量。这里要讲清细分市场的真实规模。其次，用户的痛点是什么，例如刚需、高频、高客单价等。最后，用好切入点。例如，有个宁波的租房项目，创始人先讲宁波市场有5亿元产值，用户痛点是租户要付中介费，他的项目不需要付费，从一开始就进入了正题。切入点是针对这个市场痛点去做的，市场容量够大，受众群体较大。

3. 产品或服务

这是商业计划书的重点，快速地介绍公司业务，简单清晰明了。首先，在介绍业务后，一定要介绍产品研发、生产的进度，点明项目所处的阶段。机构不同，对每个阶段的项目评价标准是不一样的。其次，收集用户数据，投资人非常关注用户数据，例如公众号营销类项目，要看用户数、活跃用户数、增长用户数等。

4. 竞品，也就是竞争对手

尽量找与自己阶段相似、模式相近、估值差不多的竞品。投资人可以基于对竞品的分析进行估值。如果国内没有竞品，可以对标国外。注意，千万不要攻击竞争对手，要尽量做到客观、公正。

5. 团队

未来创业的门槛会越来越高。团队核心成员的履历就显得非常重要，团队人员的完整性也很重要，首席执行官（CEO）、首席技术官（CTO）、首席营销官（CMO）要齐全。很多项目只有一个CTO，根本没想好市场该如何推广，甚至没有市场营销团队，而是由技术人员充当"推销员"。建议创业者要找到理想的团队，合理分工，才能达到默契配合的目的。

团队的核心问题之一是股权结构，核心团队成员的持股比例一定要合理。一个健康的股权结构很重要。两个人开一个小店，利润对半分不成问题；如果合伙做一个创业项目，利润对半分就有问题。再有，全职和兼职问题，这里涉及此人是否能全身心地创业。一般兼职人员是不会在核心团队里的。

6. 发展历程

用发展历程时间轴展示创业过程，提炼出关键性事件，例如，项目何时立项、项目何时上线、何时获得融资、何时数据大幅增长等。

7. 融资情况

融资需求需要写得非常明确，包括过往的融资情况、融资方是谁、这一轮要融多少钱、出让多少股份、融资的钱用在什么地方等。例如，融资3000万元，1000万元用于收购下游企业，1000万元做研发，500万元用来给员工发工资，500万元做推广，要向投资人证明资金使用是合理的。

融资不是越多越好，符合公司的发展规划才是最好的。需要多少钱，这笔钱用多长时间，拿到钱之后能达到什么样的目标，这些都要有合理的规划，这些是创业者在见投资人之前就要想好的。

8. 封底

封底需要有产品二维码、标语、联系方式。最重要的就是联系方式，很多商业计划书描述的项目有潜质，但因为没有注明联系方式，投资人也不知道怎样去联系。

（二）写商业计划书需要注意的细节

第一，商业计划书最好能用"项目名称＋行业＋城市＋轮次"这种格式命名，PDF格式最佳，文件越小越好。

第二，用户数据，务必点明所用时间、获得方式和成本。

第三，巧用标识，如果项目或已经注册的公司特别知名，完全可以用标识代替。

第四，商业计划书的色调要与产品的色调保持一致。

> **小贴士**
>
> **写商业计划书应坚持的3个原则**
>
> "投资人收到商业计划书，直接在微信里打开，快速扫描，基本上一分钟就能读完。"这是投资人日常工作中最常见的场景。能拿到这个商业计划书的投资人，对行业都有基本认识，并不需要大篇幅分析市场。写商业计划书的3个原则如下所述。
>
> 1. 重点放图片和关键字。千万注意，长段落容易模糊重点。
>
> 2. 早期项目的商业计划书控制在20页以内，确保投资人能在1分钟之内看完。
>
> 3. 直奔主题，只讲重点。

（三）商业计划书的关键要素

第一，积极准备，熟悉创业计划书。

第二，事前预演，准备一个30～60秒的演讲，练习用简洁的语言说明市场现状和解决方案。

第三，准备一个简短的PPT。

第四，了解你的推介对象，知己知彼。

第五，合理的推介团队一般由主讲、辅助和联络员3个成员构成。最好由发起人或舞台张力较好的成员担任主讲，避免技术人员拘泥于技术细节。

第六，充满激情，控制时间（5～20分钟陈述、5～20分钟回答问题、推介时避免大段讲述宏观背景与经济常识）。

第七，重点推介企业的市场机会与把握机会的能力，以及已掌握和整合的竞争优势。

最好准备 1～2 个简短的实例。

第八，遇到投资者主动时，不着急谈投资回报和退出途径。

第九，友好、灵活、开诚布公、追求双赢。

第十，态度决定一切，需要提供所有与企业的产品或服务有关的细节。

·任务三· 感受"双创"大赛

顾十三参加了"互联网＋"大赛，但从准备报名开始就遇到了很多问题：不清楚报名程序和报名政策，不会填写报名中的信息，报名后未做跟进，不太清楚比赛程序，比赛时间模糊，项目计划书不合规等。但大赛结束后，他和他的团队了解了比赛规则、商业画布、商业计划书、资金运营、路演、团队搭建等知识。一场大赛一场磨炼，一场磨炼一次成长。顾十三说，从"双创"大赛一路走来，获得的很多知识和经验如今运用到了公司的后续发展中，可以说受益匪浅。

一、大学生"双创"大赛详解

（一）"挑战杯"中国大学生创业计划竞赛

1. 竞赛总则

"挑战杯"中国大学生创业计划竞赛是由共青团中央、中国科协、教育部、全国学联主办的大学生课外科技文化活动中一项具有导向性、示范性和群众性的创新创业竞赛活动，每两年举办一届。

竞赛的宗旨：培养创新意识、启迪创意思维、提升创造能力、造就创业人才。

竞赛的目的：引导和激励高校学生弘扬时代精神，把握时代脉搏，将所学知识与经济社会发展紧密结合，培养和提高其创新、创造、创业的意识和能力，并在此基础上促进高校学生就业创业教育的蓬勃开展，发现和培养一批具有创新思维和创业潜力的优秀人才。

竞赛的基本方式：高等学校在校学生通过申报商业计划书参赛，有条件的团队可在此基础上进行商业运营实践；聘请专家评定出具备一定操作性、应用性，以及良好市场潜力和发展前景的优秀作品，给予奖励；组织作品和成果的交流、展览、转让活动。

在符合竞赛宗旨、具有良好导向的前提下，竞赛可设立专项赛事，具体规则另行制定和颁布。

2. 竞赛组织机构及其职责

竞赛设立领导小组，由主办单位和承办单位的有关负责人组成，负责指导竞赛活动，并对全国组织委员会和全国评审委员会提交的问题进行协调和裁决。

竞赛设立全国组织委员会，由主办单位、承办单位的有关负责人组成。其中设置主任 1～2 名，副主任若干名。

全国组织委员会的职责如以下内容。

- 审议、修改竞赛章程。
- 筹集竞赛组织、评审、奖励所需的经费。
- 确定竞赛承办单位。
- 议决其他应由组织委员会议决的事项。

全国组织委员会下设秘书处，负责按照全国组织委员会通过的章程组织竞赛活动并向全国组织委员会报告工作。秘书处设秘书长、副秘书长若干名，由主办单位、承办单位有关负责人担任。

竞赛设立全国评审委员会，由全国组织委员会聘请各相关领域的专家、学者、企业家、青年创业典型等非高校人士组成。全国评审委员会设主任一名，副主任和评审委员若干名。

全国评审委员会经全国组织委员会批准成立，有权在本章程和评审规则所规定的原则下，独立开展评审工作。

全国评审委员会职责如以下内容。

- 在本章程和评审规则基础上制定评审实施细则。
- 接受对参赛作品资格的质疑投诉并进行判定。
- 审看参赛作品，与作者进行问辩。
- 确定参赛作品获奖等次。

各省（自治区、直辖市）、各高校须举办与全国竞赛接轨的届次化的大学生创业计划竞赛。各省（自治区、直辖市）团委、科协、教育部门、学联联合设立省级组织协调委员会和评审委员会，负责本省（自治区、直辖市）竞赛的组织协调、参赛作品资格审查和作品初评等有关工作。

3. 参赛资格与作品申报

凡在举办竞赛终审决赛的当年 7 月 1 日以前正式注册的全日制非成人教育的各类高等院校在校专科生、本科生、硕士研究生和博士研究生（均不含在职研究生）都可参赛。

参加竞赛作品分为已创业（甲类）与未创业（乙类）两类；分为农林、畜牧、食品及相关产业，生物医药，化工技术、环境科学，电子信息，材料，机械能源，服务咨询等。实行分类、分组申报。

拥有或授权拥有产品或服务，并已在工商、民政等政府部门注册登记为企业、个体工商户、民办非企业单位等组织形式，且法人代表或经营者为符合第十二条规定的在校学生、运营时间在 3 个月以上（以预赛网络报备时间为截止日期）的项目，可申报已创业类（甲类）。

拥有或授权拥有产品或服务，具有核心团队，具备实施创业的基本条件，但尚未在市场监管、民政等政府部门注册登记或注册登记时间在 3 个月以下的项目，可申报未创业类（乙类）。

参赛形式：以学校为单位统一申报，以创业团队形式参赛，原则上每个团队人数不超过 10 人。

对于跨校组队参赛的作品，各成员须事先协商明确作品的申报单位。

对于经授权的发明创造或专利技术，在报名时需提交具有法律效力的发明创造或专利技术所有人的书面授权许可、作品鉴定证书、专利证书等。

对于已注册运营项目的，在报名时需提交相关证明材料（含单位概况、法定代表人情况、营业执照复印件、税务登记证复印件、组织机构代码复印件等材料）。

参赛作品涉及下列内容时，必须由申报者提供有关部门的证明材料，否则不予评审。

动植物新品种的发现或培育，须有省级以上农科部门或科研院所开具证明。

对国家保护动植物的研究，须有省级以上林业部门开具证明，证明该项研究的过程中未产生对所研究的动植物繁衍、生长不利的影响。

新药物的研究须有卫生行政部门授权机构或具有同等资质机构的鉴定证明。

医疗卫生研究须通过专家鉴定，并最好附有在公开发行的专业性杂志上发表过的文章。

涉及燃气用具等与人民生命财产安全有关用具的研究，须有国家相应行政部门授权机构的认定证明。

每个学校选送参加主体竞赛的作品总数不得超过 3 件（专项竞赛名额另计），每人（每个团队）限报 1 件。参赛作品须经过本省（自治区、直辖市）组织协调委员会进行资格及形式审查和本省（自治区、直辖市）评审委员会初步评定，方可上报全国组织委员会办公室。各省（自治区、直辖市）选送全国竞赛的作品数额由主办单位统一确定。

4. 展览、交流、孵化

全国组织委员会将在竞赛决赛阶段组织多种形式的交流、展示活动并适时举办其他活动，丰富"挑战杯"竞赛的内容。

全国组织委员会拥有组织转让及孵化获奖作品的优先权。成果产权及利益分配由学校和作者协商确定。全国组织委员会可结集出版竞赛获奖作品及评委评语。

在每届竞赛举办期间，全国组织委员会将适时在全国范围内遴选若干家大学生创业示范园区，并联合园区及风险投资机构举办项目对接和孵化活动，对竞赛中涌现出的优秀作品优先转化。

全国组织委员会将适时设立大学生创业基金，加强与有关方面特别是创业投资公司、金融机构等方面的合作，为高校学生通过参与竞赛实现创业提供支持。

5. 奖励

全国评审委员会对各省（自治区、直辖市）报送的参赛作品进行复审，评出参赛作品总数的 90% 左右进入决赛。竞赛决赛设金奖、银奖、铜奖，各等次奖分别约占进入决赛作品总数的 10%、20% 和 70%，各组参赛作品获奖比例原则上相同。

全国评审委员会将在复赛、决赛阶段，针对已创业（甲类）与未创业（乙类）两类作品实行相同的评审规则；计算总分时，将视已创业作品的实际运营情况，在其实得总分基础上给予 1% ～ 5% 的加分。

专项赛事单独设置奖项。

参加全国终审决赛的作品，确认资格有效的，由全国组织委员会向作者颁发证书，并视情况给予奖励。参加各省（自治区、直辖市）预赛的作品，确认资格有效而又未进入全国竞赛的，由各省（自治区、直辖市）组织协调委员会向作者颁发证书。

竞赛设 20 个左右的省级优秀组织奖和进入决赛高校数 30% 左右的高校优秀组织奖，奖励在竞赛组织工作中表现突出的省份和高校。优秀组织奖的评选主要依据为网络报备作品的数量和进入决赛作品的质量。省级优秀组织奖由主办单位评定，报全国组织委员会确认。高校优秀组织奖由各省（自治区、直辖市）组织委员会提名，主办单位评定后报全国组织委员会确认。

在符合本竞赛有关规定的前提下，全国组织委员会可联合社会有关方面设立、评选专项奖。

6. 附则

竞赛结束后，对获奖作品保留一个月的质疑投诉期。若收到投诉，竞赛领导小组将委托主办单位有关部门进行调查。经调查，如确认该作品资格不符者，取消该作品获得的奖励，取消该校、该省所获的优秀组织奖，通报全国组织委员会成员单位，并视情节严重程度给予所在学校取消参赛资格或其他处罚。

竞赛组委会保护投诉人的合法权益。

竞赛承办单位有权以全国组织委员会名义寻求赞助。

（二）第九届中国国际"互联网+"大学生创新创业大赛

中国"互联网+"大学生创新创业大赛报名方式：通过"全国大学生创业服务网""互联网+"大赛 App（名称为"大创空间"）或"互联网+"大赛微信公众号（名称为"大学生创业服务网"）之一报名。

1. 大赛主题

我敢闯，我会创。

2. 大赛目的与任务

以赛促教，探索人才培养新途径。全面提高人才自主培养质量，强化高校课程思政建设，深入推进新工科、新医科、新农科、新文科建设，深化创新创业教育改革，引领各类学校人才培养范式深刻变革，形成新的人才培养质量观和质量标准，切实提高学生的创新精神、创业意识和创新创业能力。

以赛促学，培养创新创业主力军。着力造就拔尖创新人才，激励广大青年在创新创业中增长智慧才干，怀抱梦想又脚踏实地，敢想敢为又善作善成，做有理想、敢担当、能吃苦、肯奋斗的新时代好青年。

以赛促创，搭建产教融合新平台。把教育融入经济社会发展，推动成果转化和产学研用融合，促进教育链、人才链与产业链、创新链有机衔接，以创新引领创业、以创业带动就业，推动形成高校毕业生高质量创业就业的局面。

3. 参赛项目要求

参赛项目要求能够将移动互联网、云计算、大数据、物联网等新一代信息技术与社会紧密结合，培育互联网的新产品、新服务、新业态、新模式。发挥互联网在促进产业升级以及信息化和工业化深度融合中的作用，促进制造业、农业、能源、环保等产业转化升级。发挥互联网在社会服务中的作用，创新网络化服务方式，促进互联网与教育、医疗、交通、金融、消费生活等深度融合。参赛项目主要包括以下类型。

● "互联网+"现代化农业，包括农、林、牧、渔等。

● "互联网+"制造业，包括智能硬件、先进制造、工业自动化、生物医药、节能环保、新材料等。

● "互联网+"信息技术服务，包括工具软件、社交网络、媒体门户、数字娱乐、企业服务等。

● "互联网+"商务服务，包括电子商务、消费生活、金融、旅游户外、房产家居、高效物流等。

● "互联网+"公共服务，包括教育文化、医疗健康、交通、人力资源服务等。

● "互联网+"公益创业，以社会价值为导向的非营利性创业。

参赛项目必须真实、健康、合法，无任何不良信息。参赛项目不得侵犯他人的知识产权；抄袭、盗用、提供虚假材料或违反相关法律法规一经发现即刻丧失参赛相关权利并自负一切法律责任。

参赛项目涉及他人知识产权的，报名时需提交完整的具有法律效力的所有人书面授权许可书、专利证书等；已完成工商登记注册的创业项目，报名时需要提交单位概况、法定代表人情况、股权结构、组织机构代码复印件等相关证明材料。

4. 大赛内容

主体赛事。包括高教主赛道、"青年红色筑梦之旅"赛道、职教赛道、产业命题赛道和萌芽赛道，第九届中国国际"互联网+"大学生创新创业大赛高教主赛道方案、第九届中国国际"互联网+"大学生创新创业大赛"青年红色筑梦之旅"活动方案、第九届中国国际"互联网+"大学生创新创业大赛职教赛道方案、第九届中国国际"互联网+"

大学生创新创业大赛产业命题赛道方案、第九届中国国际"互联网 +"大学生创新创业大赛萌芽赛道方案（详情可见官方网站文件）。

同期活动。包括世界大学生创新创业联盟成立仪式、世界大学生创新创业指数发布会、大赛优秀项目资源对接会等系列活动。

5. 组织机构

大赛由教育部、中央统战部、中央网信办、国家发展和改革委员会、工业和信息化部、人力资源和社会保障部、农业农村部、中国科学院、中国工程院、国家知识产权局、国家乡村振兴局、共青团中央和天津市人民政府共同主办，天津大学承办。

大赛设立组织委员会（以下简称大赛组委会），由教育部和天津市人民政府主要负责同志担任主任、教育部和天津市分管负责同志担任副主任、教育部高等教育司主要负责同志担任秘书长、有关部门（单位）负责同志作为成员，负责大赛的组织实施。

大赛设立专家委员会，负责项目评审等工作。

大赛设立纪律与监督委员会，负责对赛事组织、参赛项目评审、协办单位相关工作等进行监督，对违反大赛纪律的行为予以处理。

大赛总决赛由中国建设银行冠名支持，各省级教育行政部门可积极争取中国建设银行分支机构对省级赛事的赞助支持。

各省级教育行政部门可成立相应的赛事机构，负责本地比赛的组织实施、项目评审和推荐等工作。

6. 参赛要求

参赛项目能够紧密结合经济社会各领域现实需求，充分体现高校在新工科、新医科、新农科、新文科建设方面取得的成果，培育新产品、新服务、新业态、新模式，促进制造业、农业、卫生、能源、环保、战略性新兴产业等产业转型升级，促进数字技术与教育、医疗、交通、金融、消费生活、文化传播等深度融合（各赛道参赛项目类型详情可见官方网站文件）。

参赛项目应弘扬正能量，践行社会主义核心价值观，真实、健康、合法。不得含有任何违反《中华人民共和国宪法》及其他法律法规的内容。所涉及的发明创造、专利技术、资源等必须拥有清晰合法的知识产权或物权。如有抄袭盗用他人成果、提供虚假材料等违反相关法律法规或违背大赛精神的行为，一经发现即刻取消参赛资格、所获奖项等相关权利，并自负一切法律责任。

参赛项目只能选择一个符合要求的赛道报名参赛，根据参赛团队负责人的学籍或学历确定参赛团队所代表的参赛学校，且代表的参赛学校具有唯一性。参赛团队须在报名系统中将项目所涉及的材料按时如实填写提交。已获本大赛往届总决赛各赛道金奖和银奖的项目，不可报名参加本届大赛。

参赛人员（不含产业命题赛道参赛项目成员中的教师）年龄不超过35岁（1988年3月1日及以后出生）。

各省级教育行政部门及各有关学校要严格开展参赛项目审查工作，确保参赛项目的合规性和真实性。审查主要包括参赛资格以及项目所涉及的科技成果、知识产权、财务状况、运营、荣誉奖项等方面。

7. 比赛赛制

大赛主要采用校级初赛、省级复赛、总决赛三级赛制（不含萌芽赛道以及国际参赛项目）。校级初赛由各院校负责组织，省级复赛由各地负责组织，总决赛由各地按照大赛组委会确定的配额择优遴选推荐项目。大赛组委会将综合考虑各地报名团队数（含邀请国际参赛项目数）、参赛院校数和创新创业教育工作情况等因素分配总决赛名额。

大赛共产生4100个项目入围总决赛（港澳台地区参赛名额单列），其中高教主赛道2300个（国内项目1800个、国际项目500个）、"青年红色筑梦之旅"赛道600个、职教赛道600个、产业命题赛道400个、萌芽赛道200个。

高教主赛道每所高校入选总决赛项目不超过5个，"青年红色筑梦之旅"赛道每所院校入选总决赛项目不超过3个，职教赛道每所院校入选总决赛项目不超过3个，产业命题赛道每道命题每所院校入选项目不超过3个，萌芽赛道每所学校入选总决赛项目不超过2个。

8. 赛程安排

参赛报名（2023年5～8月）。参赛团队通过登录全国大学生创业服务网进行报名，在"资料下载"板块可下载学生操作手册指导报名参赛。通过微信公众号（名称为"全国大学生创业服务网"或"中国互联网十大学生创新创业大赛"）进行赛事咨询。评审规则将于近期公布，请登录全国大学生创业服务网查看具体内容。

报名系统开放时间为2023年5月29日，报名截止时间由各地根据复赛安排自行决定，但不得晚于8月15日。国际参赛项目通过全球青年创新领袖共同体促进会官网进行报名，具体安排另行通知。

初赛复赛（2023年6～8月）。各地各学校登录官网进行大赛管理和信息查看。省级管理用户使用大赛组委会统一分配的账号进行登录，校级账号由各省级管理用户进行管理。初赛复赛的比赛环节、评审方式等由各校、各地自行决定。各地应在8月31日前完成省级复赛，并完成入围总决赛的项目遴选工作（推荐项目应有名次排序，供总决赛参考）。国际参赛项目的遴选推荐工作另行安排。

总决赛（2023年9～10月）。大赛设金奖、银奖、铜奖；另设省市组织奖、高校集体奖及若干单项奖。入围总决赛的项目将通过评审，择优进入总决赛现场比赛，决出各类奖项。大赛组委会通过全国大学生创业服务网、国家大学生就业服务平台为参赛团队提供项目展示、创业指导、人才招聘、资源对接等服务，各项目团队可登录上述网站查看相关信息，各地各校可充分利用网站资源，为参赛团队做好服务。

二、大学生"双创"大赛路演

（一）路演 PPT

1. PPT 要求

PPT 要求如图 7-9 所示。

内容	页数	时间
• 强调亮点、优势	• 1页	• 1分钟
• 介绍企业情况（团队）	• 2～3页	• 1～2分钟
• 行业及市场规模分析	• 2～3页	• 1分钟
• 盈利模式（主要产品与服务、研发、运营状况）	• 2～5页	• 2～3分钟
• 未来战略发展及计划	• 1页	• 1分钟
• 历史财务及财务预测	• 1页	• 1分钟
• 融资需求	• 1页	• 1分钟

图 7-9　PPT 要求

2. 其他说明

PPT 页数要控制在 10 ～ 15 页；演讲时间要控制在 8 ～ 10 分钟；不要有太多的描述性文字；尽可能多地采取视频、图片、实物的方式直观地介绍内容；如有需要可准备若干备用页作为提问环节的补充说明。

（二）十分钟演示的结构内容

1. 确定要解决的问题

一开始就明确你要解决的问题，而不是介绍公司和产品。用通俗易懂的语言描述，可用成本描述这些问题的严重性。

2. 你的解决方案

这里不用详细描述产品的细节，但需要说明它如何工作、为何能运行以及定量说明它对用户的好处。不要用专业术语和行话，可以提及相关的知识产权，清晰确定适用此方案的客户、渠道和收入模式。

3. 行业及市场规模

你需要引用有公信力的研究机构的数据，描述行业的整体发展情况、细分市场情况、市场动态以及客户规模，投资人感兴趣的是具备一定规模，并在不断成长的行业。

4.竞争情况及持续优势

列出并分析竞争对手，包括直接竞争对手和间接竞争对手以及用户的替代性方案，详细说明自己的持续性竞争优势。

 **敲黑板**

6 分钟演示的结构内容

1.公司简介及执行团队

简单说明公司成立的背景及现状。

要告诉评委你的团队在创建新公司方面经验丰富，在从事的行业领域经验丰富，其中包含顾问委员会成员和重要的行业人际资源。

2.融资需求

明确融资需求及用途、现有股东的资金投入和时间投入情况，并估值预测。

确定融资需求最可靠的方式是做财务模型，根据销售量、成本、定价参数等，预计下一年度的现金流。

3.历史财务及财务预测

做一份未来 5 年的财务预测，包括收入和开支。如果有的话，还可提供过去 3 年的财务状况，预计增长率、何时达到盈亏平衡点。投资人需要看到的是有机会做大、有规模和收益高增长的投资机会。

（三）路演现场

1.应该避免的错误

- 战略规划不清晰。
- 市场定位不清晰。
- 过分强调技术。
- 过分强调团队。
- 财务预测过于乐观或过于保守。
- 公司估值太夸张。
- 企业成长太慢。
- 股权过于分散。
- 管理团队没有合理的股权或者激励机制。

2.现场答辩的注意细节

现场答辩的注意细节见表 7-3。

表7-3　现场答辩的注意细节

清晰	多联系
简洁	直奔主题
能激发兴趣	不要大篇幅描述技术细节
为什么做这个（正确的事情）	不要面面俱到
为什么这样做（正确的方式）	禁止引用不真实的数据
为什么我们可以做（正确的团队）	不要轻易地评论投资商和同行，对于其他企业或投资方所发生的事件不做评判
为什么现在可以做（正确的时机）	避免和评委/投资人过度争论
创始人答辩	控制时间

三、大学生"双创"大赛的评分阶段

（一）评分标准及计算方法

大学生"双创"大赛的评分标准见表7-4。

表7-4　评分标准

评分项/权重	权重（团队组）	权重（企业组）
技术和产品	25	20
商业模式及实施方案	25	20
行业及市场	20	15
团队	30	25
财务分析	预测	20

（二）评价细则

1. 自主知识产权

是否有专利保护？

2. 商业画布

制作商业画布，知道如何尽可能精练地描述自己的商业模式，打动评委和投资人。

3. 市场数据

市场增长速度是否仍有挖掘潜力？市场还能容纳新企业吗？这个市场是否有足够规模供企业调整盈利模式和行业细分方向？

4. 客户与团队

缺乏客户是失败的主要原因。团队是否真的了解客户？提供客户清单后是否有逻辑关系可循？是战略执行结果还是运气所致？对客户分类有没有概念？现有客户是一流的吗？客户对企业的帮助有多大？

5.如何描述成功的程度

你可以从以下 3 个方面展开描述。

第一，你的公司是行业领军单位。

第二，个人业绩。

第三，个人成功历程。展示你和你的产品时要真实，因为投资方可能会严格调查你的背景。

四、大学生"双创"大赛的项目及成果展示

成果展示

基于 RSA 加密算法的防青少年沉迷手机软件的设计与实现

本项目于 2014 年申报并立项为国家级创新项目，经过为期两年的研发，于 2016 年结题，结题成果为项目团队主要成员参加第五届服务外包竞赛并获国家二等奖；公开发表论文一篇，论文题目是《基于 RSA 加密算法的防青少年沉迷手机软件的设计与实现》，发表的期刊名称为《计算机时代》，发表日期为 2016 年 1 月第 1 期。

（一）申报书项目简介

青少年玩手机游戏易成瘾，令家长担忧，也成为社会关注的焦点。虚报个人信息、购买成年人的账号等使现有防沉迷系统功效甚微。我们试图开发的防沉迷软件能够由家长动态设置密码和游戏时间以掌握并控制青少年使用手机的时间。登录软件时使用的密码经过 RSA 算法加密，实现密码难以破解和动态设置的目的。更重要的是当游戏与上网时间达到设置上限时，软件会自动给家长发送短信，家长可以通过短信自动控制关闭或限制手机的相应功能。

（二）申报书项目研究技术路线

这款软件总体功能包括防沉迷助手开机自启动、密码与修改、监控软件选择、防沉迷时间设定、短信发送等。

主要功能设计如下。

1.密码的修改

本软件已设有初始密码，在使用前请先修改登录密码；然后在短信发送设置中与家长或其他监护人的手机绑定，每天到了被监控的手机软件和游戏结束的时间，家长就会收到提示短信，例如"您的孩子今天的游戏时间已经结束"，然后家长可以发短信给孩

子的手机使孩子手机上那些被选择监控的游戏及软件停止运行。

2. 监控软件的选择

现在手机游戏软件层出不穷，手机游戏软件下载非常便捷，每天不定时对手机软件进行扫描，检测是否安装新的游戏软件，如果有，自动把该游戏软件加入监控行列。

3. 游戏时间管理

多线程管理手机游戏软件，记录游戏软件的使用时间。

4. 后台管理功能

动态获得手机游戏信息，了解游戏超时且正在运行的状态，将其与数据库中已添加的游戏软件相比较，然后选择关闭该游戏软件。

5. 关闭后台功能

家长收到提示短信后，由家长发短信给孩子的手机以使孩子手机上那些被选择监控的游戏及软件停止运行，或者对于游戏时间已经超时时，对3次以上开启游戏的受管理手机关闭除急救拨号外的所有应用程序，并短信通知家长或其他监护人。项目重点设计内容是 RSA 算法与监控的结合应用。RSA 算法在这款防沉迷软件中主要应用于以下两个方面。

一方面是这款防沉迷软件在登录时使用的密码是基于 RSA 算法得出的，所以一旦家长设置了密码，孩子很难破解密码。

另一方面是当游戏与上网时间达到设置上限时，软件会自动与家长联系，并通过 RSA 算法自动控制关闭或限制手机的相应功能。并且发来的短信是经过 RSA 算法加密过的，由于不同的家长拥有不同的数字签名，所以每个人的密钥都是不一样的。

思考

请以小组为单位（5～7人），根据一个现有的该小组已经设计出的产品或构想产品（或服务），收集资料，然后分工合作，共同完成该产品或服务的商业计划书，并在完成商业计划书的基础上，完成只有一页的商业计划书的速写，提纲挈领地清晰呈现项目的关键点。

拓展训练

基于模式创新的拓展活动

活动规则如下所述。

1. 解读模式创新。

2. 分别按照公众号运营模式创新、京东商业模式创新、苹果生产模式创新、优步共享经济模式创新这4种模式进行小组讨论，讨论各自模式的创新点，并形成统一的意见。

3. 各组组长轮流分享本组的观点，教师进行点评并总结。

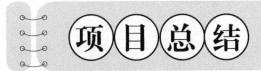

项目总结

  通过大学生创新创业大赛你可以获得多维度的成长，当下大学生必须调整自己的就业观和就业期望值，正确认识自我，认识社会岗位的要求，找准自己就业的社会定位，并按市场经济需求实现就业方式的多样化。同时，宣传自身就业能力是用人单位比较看重的，也是顺利实现就业的先决条件和必要条件，因此要引导毕业生主动提高其综合素质，突出个体优势，增强自己的就业能力。大学生创业大赛的建立对大学生的知识结构、素质结构、能力结构等综合素质培养有了更高的要求。参赛本身就是一种自我经营的过程，在这个过程中你将获得以下认知。

  1. 创新不是少数人的专利，而是多数人的选择，是一种生活经营模式的选择。

  2. 知识点创业画布不仅是商业计划书的书写工具，创业者还能够依此清晰地分析商业项目。

  3. 创业资本的运作需要创业者掌握融资、股权经营、心理素质等综合知识。

  4. 大赛路演不仅能让你锻炼自己的能力和胆量，而且能让你知晓如何包装自己、营销自己。

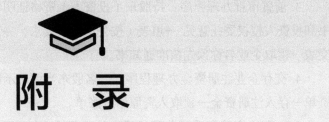

附　录

大学生创业注册公司的流程

1. 企业名称预先登记办理程序：持股东（投资人）资格证明领取名称（变更）预先核准申请书、投资人授权委托意见 →填表（按公司命名要求，一次可以最多用9个名称备查）→交表 →领取企业名称预先核准通知书。

2. 企业设立登记办理程序：出示企业名称，预先核准通知书→领取企业设立登记申请书、企业设立登记申请书等有关表格。

3. 前置审批办理程序：持股东（投资人）资格证明领取名称（变更）预先核准申请书和投资人授权委托意见 →填表（按公司命名要求，一次可以最多用9个名称备查）→交表→领取企业名称预先核准通知书。

4. 交存企业注册资金办理程序：一名股东当面出示所有股东的身份证原件→填写入资单→存入注册资金→领取入资原始进账单。

5. 办理法定验资手续收费标准：注册资金30万元（含）以上，按注册资金的2%收取；30万元以下收费600元。根据各申办企业情况不同，提供材料的要求也不同。

6. "三证合一"登记制度：这是将原本工商营业执照、组织机构代码证和税务登记证3本证件合并成"一张执照、三个代码"。

新的"三证合一"营业执照与以前不同，这张营业执照上除了有注册号、公司名称、成立日期、经营范围等，还多了两项内容：组织机构代码证号和税务登记证号。

"三证合一"办理流程详询各地工商管理机构。

7. 企业印章备案及刻制办理程序：携带营业执照副本到公安分局窗口备案→公安分局在营业执照副本上印核准章→在指定的刻字社刻制公章、财务章、合同章、人名章等印鉴。

8. 开设银行账号需要提供的材料：请以各入资银行的具体要求为准。

9. 开转资证明和划转资金需要提供的材料：工商局开具的转资证明（出具营业执照正本或副本原件、开户许可证原件、交存入资金凭证的企业留存联、经办人身份证原件方可领取转资证明）；一名股东（原办理入资的股东亲自来办）持身份证原件及复印件办理转资。

10. 社会保险登记办事程序：营业执照副本原件及复印件；法人代码证书原件及复印件。